古文書検定《こもんじょけんてい》 入門編

油井宏子▶監修

柏書房編集部▶編

柏書房

はじめに

本書を手に取って開いてくださった皆さまのお一人お一人は、この書物にどんな夢や希望をお持ちでしょうか。

「くずし字を読みたいけれど、何から始めたらいいかわからない」「一つのひらがなに対して、元になる漢字がたくさんありそうだから覚えたい」「とにかく、古文書が読めるようになりたい」など、いろいろな不安や期待をお持ちのことと思います。

「ひらがな」を中心として、その一字一字に焦点を当てたこの書物は、その期待に応える一冊だと確信しています。

ところが、何を隠そう、この企画の監修のお話があるまで、当の私はそれと正反対のことを考えていました。「くずし字は、古文書の文章の中で文意をとりながら読んでこそ意味があるのであって、一字一字切り離して覚えるなんて邪道だ」と思っていたのです。そういう意味で、監修をお引受けしていいものかどうか迷いました。

しかし、その時考え抜いた結果、すっきり納得することができました。むしろ、自信を持ってこの企画を世に問いたいという気持ちが、実際にこの書物を作り始めてから、ますます強くなっていきました。

その理由をいくつか申し述べましょう。英単語を覚えるのに、英文の中で類推しながら覚えていくのと同時に、英単語集や英熟語集で覚えるのも有効な方法です。それと同様に、くずし字を古文書の文章のなかで覚えていくのはもちろんのこと、切り離して覚えていくのも習得の重要なルートのひとつだと考えられるからです。また、それによって文書に戻った時にも、よりいっそう理解が深まるという相乗効果が得られます。

次に、「寸」や「寿」が「す」になることは知っていたけれども「春」が「す」なんて知らなかった、などという声を古文書講座で多くの受講生の方々からお聞きするにつけて、それらを整理して訓練しながら覚えることができる書物の必要性を以前から感じてはいたからです。とくに、旧字体を見たこともないという若い世代の方々には、まずこんな字があるということを知っていただかなければなりません。

そして、何よりも本書の構成がとても親切にできているからです。初級では「ひらがな」とその元になる〝活字〟の「漢字」とを結びつける。中級からは、いよいよ「くずし字」と結びつける。そして「ひらがな」だけの組み合わせのものを読む。上級では「漢字」とセットになった「ひらがな」を読む、というように、順に問題を解いていけば、元になっている漢字もわかるようになりながら、「ひらがな」が自然に読めて理解できるようになっています。

どうぞくり返して本書をお使いください。点数にこだわることなく、しかし点数を励みにして目安にしながら。「ひらがな」のプロが本書からたくさん生まれてくださることを期待し、応援しています。

二〇〇五年十月

油井宏子

古文書検定 入門編 目次

本書を使う前に

1、本書は、問題を解き進めながら江戸時代の古文書に出てくる「ひらがな」のくずし字が習得できる検定式の入門書です。

2、答えはすべて書き込み式です。

3、「漢字」と「カタカナ」は、あらかじめ解答欄に表記してありますので、「ひらがな」だけを解答欄に書き込んでください。

4、問6から問40までと「卒業検定」には、ご自分の実力度がチェックできる「あなたの実力度」を設けています。解答は巻末に載せていますので、自己採点の点数によって、ご自分の位置を確認し、次へ進むか、元に戻って復習するかをご判断ください。

5、問1から問5までの「身近なくずし字から」と、問41から問44までの『ひらがな』が読めれば版本は簡単に読める?」には、「あなたの実力度」をつけていません。

6、本書の最後には「卒業検定」があります。81点以上取れれば合格です。

7、「ひらがな」の「に」の漢字表記は、便宜上「爾」の略字である「尓」としました。

初級──

「ひらがな」の基本を身に付ける

問1〜問5 身近なくずし字から

さあ、いよいよ古文書検定がはじまります。

ところで、皆さんは「くずし字」と聞いて、最初にまず何をイメージしますか？博物館や資料館などに展示してある絵巻物や古文書（こもんじょ）に書かれた文字、江戸時代の版本に使われた文字、古いお店の看板やのれんに書かれた文字、床の間に飾ってある掛け軸の文字、あるいは歌舞伎文字や相撲の番付なども挙がってくるでしょうか。もしかしたら21世紀のこの世の中、くずし字なんて知らないし見たこともないという方もいるかもしれません。

まずは腕だめしに、皆さんがこれまでに必ず一度は目にしたことがあるくずし字をいくつか出題いたします。軽い気持ちで挑戦してみてください。くずし字を見たことがないという方でも、絶対にどこかで見ているはずですよ。

問1

①丑の日に食べます。

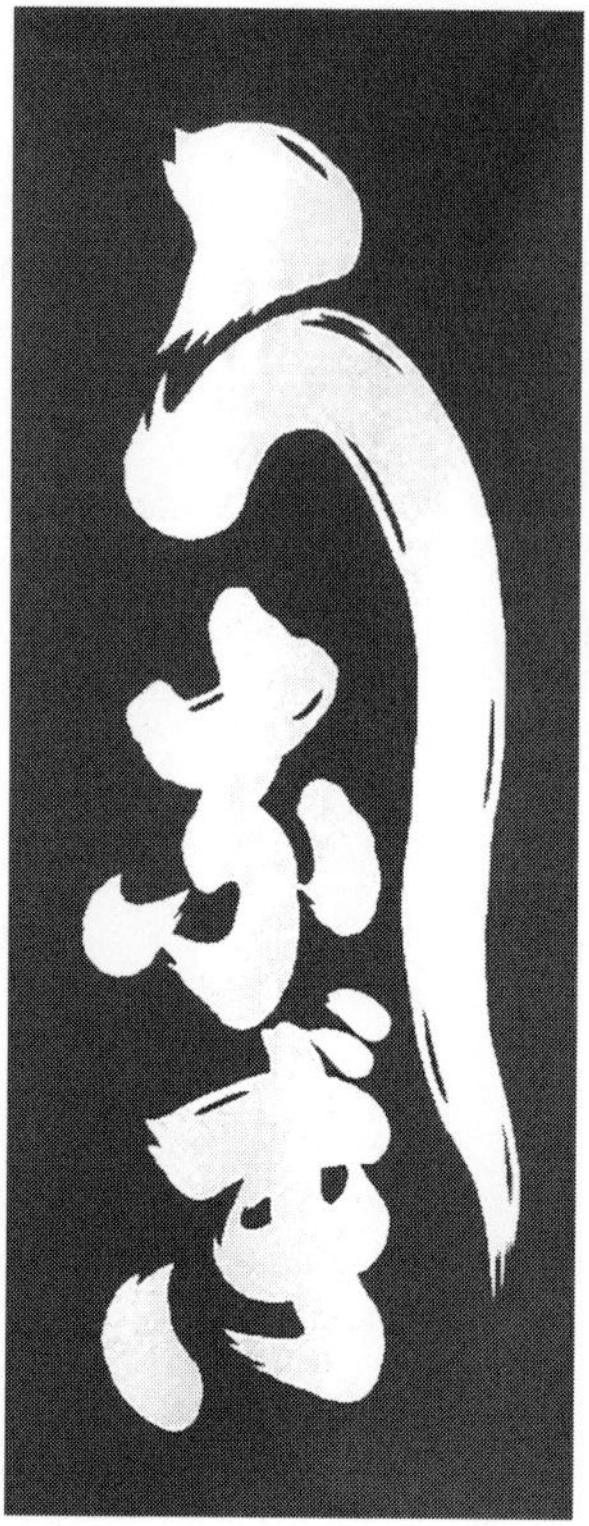

②最近はあまり使わないかもしれません。

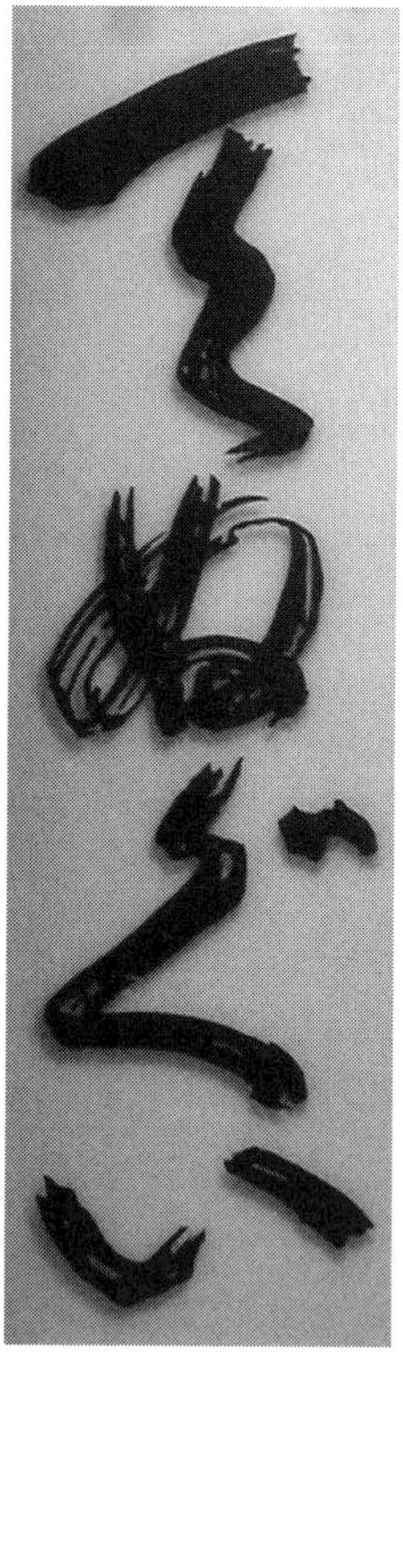

①（　　　　　　）

②（　　　　　　）

問2

①東京みやげの代表格です。

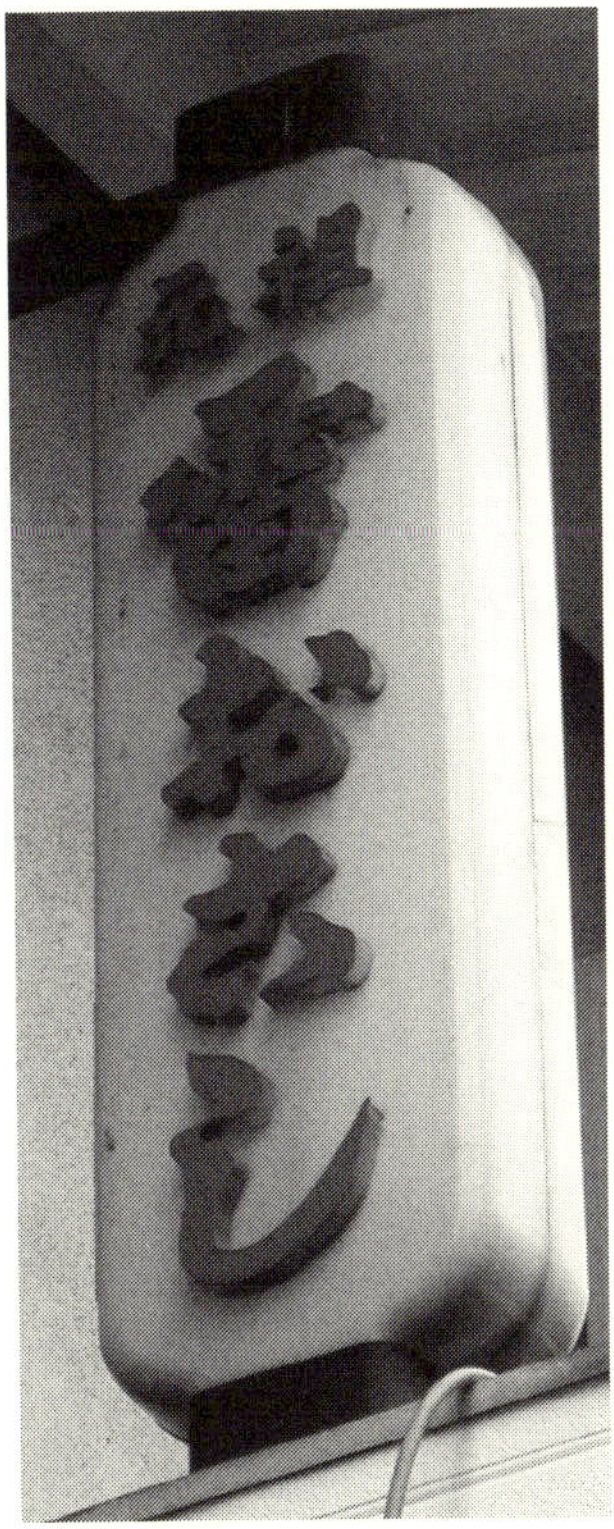

②上手に持つことができますか。

①（　　　　）

②（　　　　）

問3

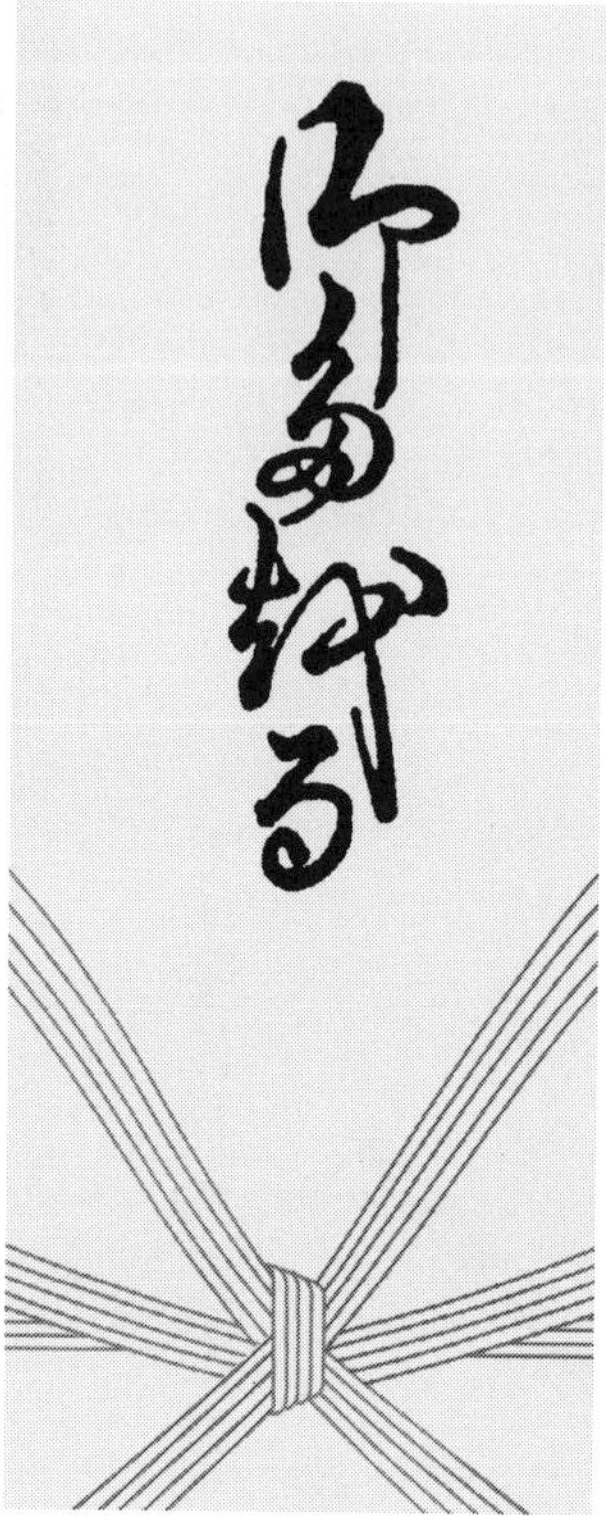

①挨拶回りなどで配ることが多いものです。

②タレにしますか？　塩にしますか？

①（　　　　　　）

②（　　　　　　）

①外国でもブームの日本を代表する食べ物です。

(　　　　　　　　　　)

②信州のものが有名です。

(　　　　　　　　　　)

問5

草加や南部が有名です。

（　　　　）

いかがでしたか？　こうやってあらためて文字だけになってみると、普段目にしているものでも、雰囲気が違って見えたのではないですか。次の問6から、いよいよ検定の本番スタートです。最後まであきらめないで頑張ってください。

問6〜問10

「ひらがな」の元はすべて「漢字」なのだ

現在のわが国では、主に「ひらがな」「カタカナ」「漢字」の三つの文字が使われています（実際には英語なども使われていますが）。江戸時代でも同じように「ひらがな」をはじめとした三つの文字が使われていました。しかし、現在と圧倒的に違う点は、「漢字」が文章のなかで占める割合が九割五分以上であるということ。これはどういうことかというと、「漢字」はもちろん、「ひらがな」もその元となっている「漢字」で書かれているということなのです。実は古文書には「カタカナ」はあまり出てきません。

ここでは、「ひらがな」の元となっている「漢字」は何なのかを解いてみましょう。簡単に想像がつくものもあれば、予想もできない文字もありますよ。

問6

次の「ひらがな」の元になる「漢字」を、左欄のなかからアルファベットで答えてください。

（各1点、計20点）難易度A

① く（　）
② も（　）
③ せ（　）
④ こ（　）
⑤ ふ（　）
⑥ お（　）
⑦ す（　）
⑧ と（　）
⑨ る（　）
⑩ て（　）
⑪ わ（　）
⑫ は（　）
⑬ に（　）
⑭ う（　）
⑮ な（　）
⑯ け（　）
⑰ い（　）
⑱ の（　）
⑲ き（　）
⑳ か（　）

ⓐ 於
ⓑ 寿
ⓒ 奈
ⓓ 止
ⓔ 計
ⓕ 乃
ⓖ 由

ⓗ 波
ⓘ 加
ⓙ 伊
ⓚ 和
ⓛ 保
ⓜ 仁
ⓝ 不

ⓞ 利
ⓟ 宇
ⓠ 天
ⓡ 世
ⓢ 幾
ⓣ 久
ⓤ 留

ⓥ 奴
ⓦ 毛
ⓧ 越
ⓨ 己

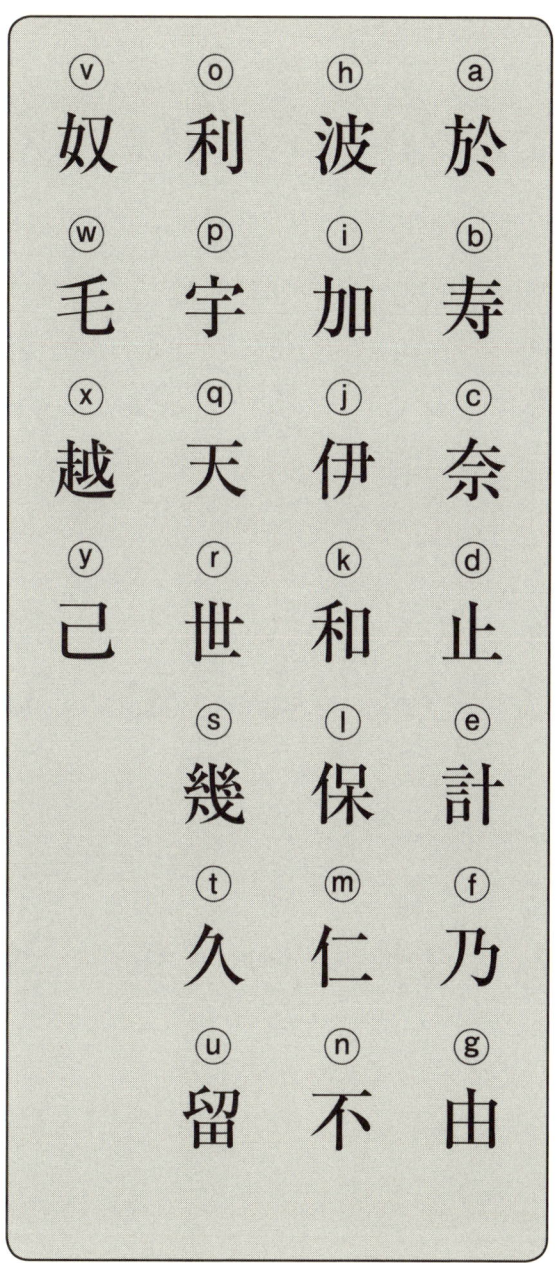

問7

次の「ひらがな」の元になる「漢字」を、左欄のなかからアルファベットで答えてください。

（各1点、計20点）難易度A

①え（　）②か（　）③て（　）④さ（　）

⑤む（　）⑥や（　）⑦を（　）⑧あ（　）

⑨ち（　）⑩ゑ（　）⑪こ（　）⑫と（　）

⑬な（　）⑭へ（　）⑮ゆ（　）⑯け（　）

⑰た（　）⑱み（　）⑲れ（　）⑳ゐ（　）

ⓐ 遊
ⓑ 礼
ⓒ 多
ⓓ 遺
ⓔ 恵
ⓕ 婦
ⓖ 古
ⓗ 武
ⓘ 飛
ⓙ 美
ⓚ 阿
ⓛ 江
ⓜ 知
ⓝ 遠
ⓞ 登
ⓟ 可
ⓠ 津
ⓡ 那
ⓢ 左
ⓣ 也
ⓤ 禰
ⓥ 亭
ⓦ 為
ⓧ 具
ⓨ 部

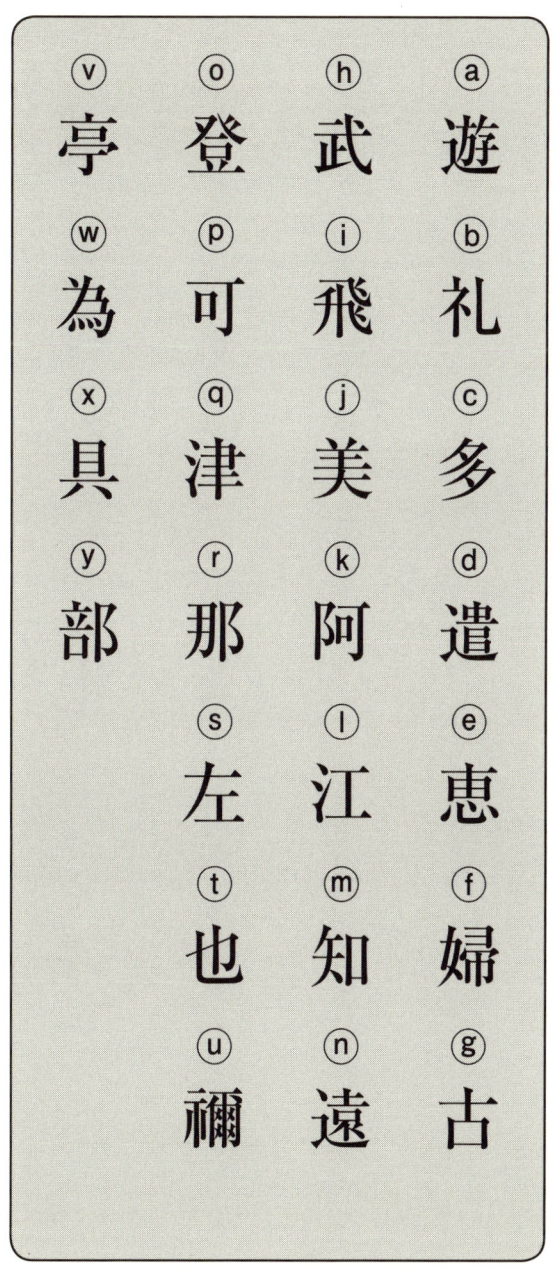

問8　（各2点、計20点）　**難易度B**

次の「ひらがな」の元になる「漢字」を左欄のなかからアルファベットで答えてください。

①ま（　　）　②の（　　）　③し（　　）　④そ（　　）

⑤も（　　）　⑥ほ（　　）　⑦き（　　）　⑧は（　　）

⑨り（　　）　⑩れ（　　）

ⓐ流 ⓑ之 ⓒ無 ⓓ起 ⓔ年 ⓕ本 ⓖ里

ⓗ連 ⓘ者 ⓙ農 ⓚ楚 ⓛ佐 ⓜ須 ⓝ満

ⓞ茂

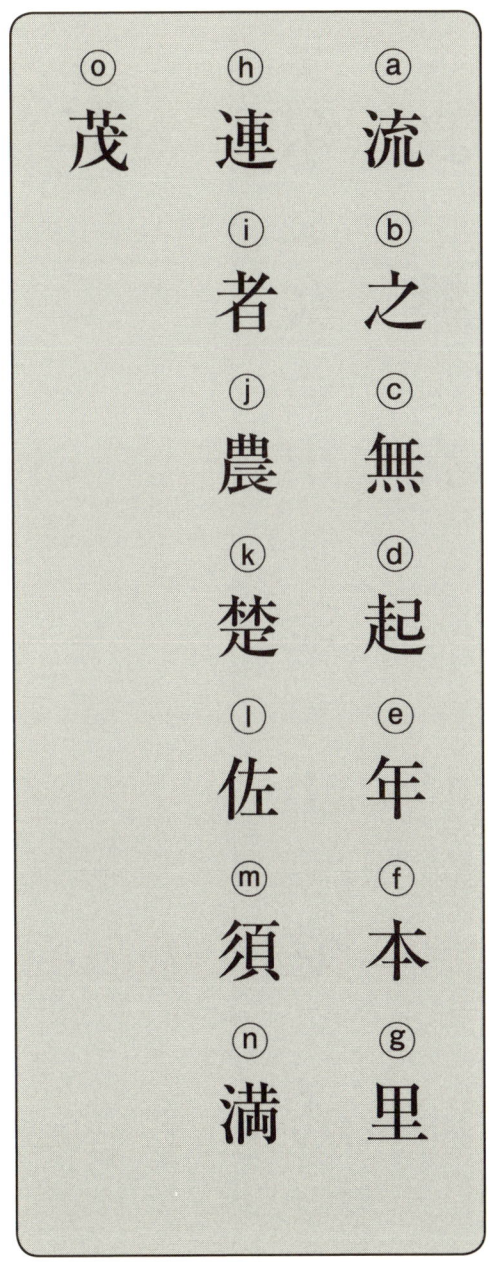

問9 （各4点、計20点） **難易度C**

次の「ひらがな」の元になる「漢字」を左欄のなかからアルファベットで答えてください。

①つ（　）②た（　）③わ（　）④え（　）
⑤に（　）

ⓐ尓 ⓑ女 ⓒ川 ⓓ能 ⓔ王 ⓕ堂 ⓖ希
ⓗ良 ⓘ盤 ⓙ衣

問10

次の「ひらがな」の元になる「漢字」を左欄のなかからアルファベットで答えてください。

（各5点、計20点） **難易度D**

① す（　）

② そ（　）

③ つ（　）

④ に（　）

ⓐ 怒
ⓑ 衛
ⓒ 徒
ⓓ 母
ⓔ 介
ⓕ 春
ⓖ 耳
ⓗ 所
ⓘ 喜

✤あなたの実力度（100点満点）

10点以下……可能性100（漢字の音読み・訓読みをヒントに、はじめの一歩から）
11〜30点……実力度20（スタートラインに立てる資格、十分あり）
31〜40点……実力度40（毛→「も」は「毛布（もうふ）」の「も」と覚えましょう）
41〜50点……実力度50（半分できたら、まずはたいしたもの）
51〜60点……実力度60（衣→「え」は「衣紋掛（えもんかけ）」の「え」ですね）
61〜70点……実力度70（なかなかの漢字好きと、お見受けします）
71〜90点……実力度85（これだけできれば、合格点）
91点以上……実力度100（はじめからこんなにできるなんて、言うことなし）

間違えたところは解答を確認し、問題になかった字も含めて八十四字すべてをがんばって覚えてしまいましょう。

問11～問14

「いろはにほへと」をすべて「漢字」にしてみよう

成績はいかがでしたか？　「一つのひらがなに複数の漢字があてはまるとは」「ひらがなって思ったよりも難しい」「この程度は簡単簡単」と感想はさまざまでしょう。そこでここでは、問6～問10での経験を元にして「いろはにほへと……」をすべて「漢字」で完成させてみてください。なお「いろは……」は、本来は「伊呂波……」と、それぞれの「ひらがな」に対応する「漢字」が決まっていますが、ここではその決まりごとには目をつむって、問題を解いてみてください。くずし字の世界では、「い」は「伊」だけではありませんし、「は」も「波」だけではありませんよ。

問11

（各2点、計24点）難易度B

左欄のなかから該当する漢字を一つ選んで、「いろはにほへと　ちりぬるを（色は匂えど散りぬるを）」を完成させてください。

①い（　　）②ろ（　　）③は（　　）④に（　　）

⑤ほ（　　）⑥へ（　　）⑦と（　　）⑧ち（　　）

⑨り（　　）⑩ぬ（　　）⑪る（　　）⑫を（　　）

得佐三免者越仁年保地
登流怒屋以遍比能路里

問12

左欄のなかから該当する漢字を一つ選んで、「わかよたれそ　つねならむ（我が世誰ぞ常ならむ）」を完成させてください。

（各2点、計22点）　難易度B

①わ（　　）　②か（　　）　③よ（　　）　④た（　　）

⑤れ（　　）　⑥そ（　　）　⑦つ（　　）　⑧ね（　　）

⑨な（　　）　⑩ら（　　）　⑪む（　　）

太　亭　奈　王　留　曾　無　末　乃　婦

可　与　連　日　須　禰　遊　川　久　良

問13

（各2点、計24点） **難易度B**

左欄のなかから該当する漢字を一つ選んで、「うゐのおくやま　けふこえて（有為の奥山今日越えて）」を完成させてください。

①う（　　）　②ゐ（　　）　③の（　　）　④お（　　）

⑤く（　　）　⑥や（　　）　⑦ま（　　）　⑧け（　　）

⑨ふ（　　）　⑩こ（　　）　⑪え（　　）　⑫て（　　）

希天耳利具羅為以於勢

阿農宇起万古也志不得

問14　(各2点、計24点)　**難易度B**

左欄のなかから該当する漢字を一つ選んで、「あさきゆめみし　ゑひもせす（浅き夢見し　酔ひもせず）」を完成させてください。

①あ（　　）　②さ（　　）　③き（　　）　④ゆ（　　）

⑤め（　　）　⑥み（　　）　⑦し（　　）　⑧ゑ（　　）

⑨ひ（　　）　⑩も（　　）　⑪せ（　　）　⑫す（　　）

世　盤　部　尓　左　春　安　遠　由　飛

衣　之　毛　遣　美　堂　女　幾　徒　恵

いかがでしたか。「ん」を除く「いろは」四十七字がすべて埋められましたか。問6から問14までに出てきた「ひらがな」と「漢字」との相関関係が理解できた方は、次の**中級**に進んでください。**中級**ではいよいよ「くずし字」と「ひらがな」と「漢字」の三角関係に挑戦していきます。

✽あなたの実力度（94点満点）

20点以下……可能性100（もう一度、これまでの復習を）
22〜40点……実力度20（ゆっくり時間をかけて、自信が持てる字を増やしていきましょう）
42〜60点……実力度50（「いろは」を唱えながら、漢字を何度か書いてみましょう）
62〜80点……実力度80（あと一歩。覚えにくい字をくり返し練習して、身につけましょう）
82点以上……実力度100（すばらしい。先に進みましょう）

中級●——188個のくずし字の形を覚える

問15〜問24

いよいよくずし字に挑戦

——くずして書かれているから難しい

さあ、これからがいよいよ本番です。何といっても江戸時代の古文書や版本はくずし字で書かれていますから、それが読めなければお手上げです。しかし「ひらがな」と「漢字」との相関関係が理解できていれば、それが毛筆でくずされて書かれていても、ある程度予測は可能です。なかには現在の「漢字」がそのままくずれたわかりやすい字もありますので安心してください。ただし、まったく予測不能な字がいくつか出てきますのでご注意を。

問15 （各1点、計20点）**難易度C**

次の「ひらがな」に該当するくずし字を、左欄のなかからアルファベットで二つずつ答えてください。なお、左欄には一つの「ひらがな」について、対応するくずし字が必ず二つ入っています。

① あ（ ・ ）
② か（ ・ ）
③ さ（ ・ ）
④ た（ ・ ）
⑤ な（ ・ ）
⑥ は（ ・ ）
⑦ ま（ ・ ）
⑧ や（ ・ ）
⑨ ら（ ・ ）
⑩ わ（ ・ ）

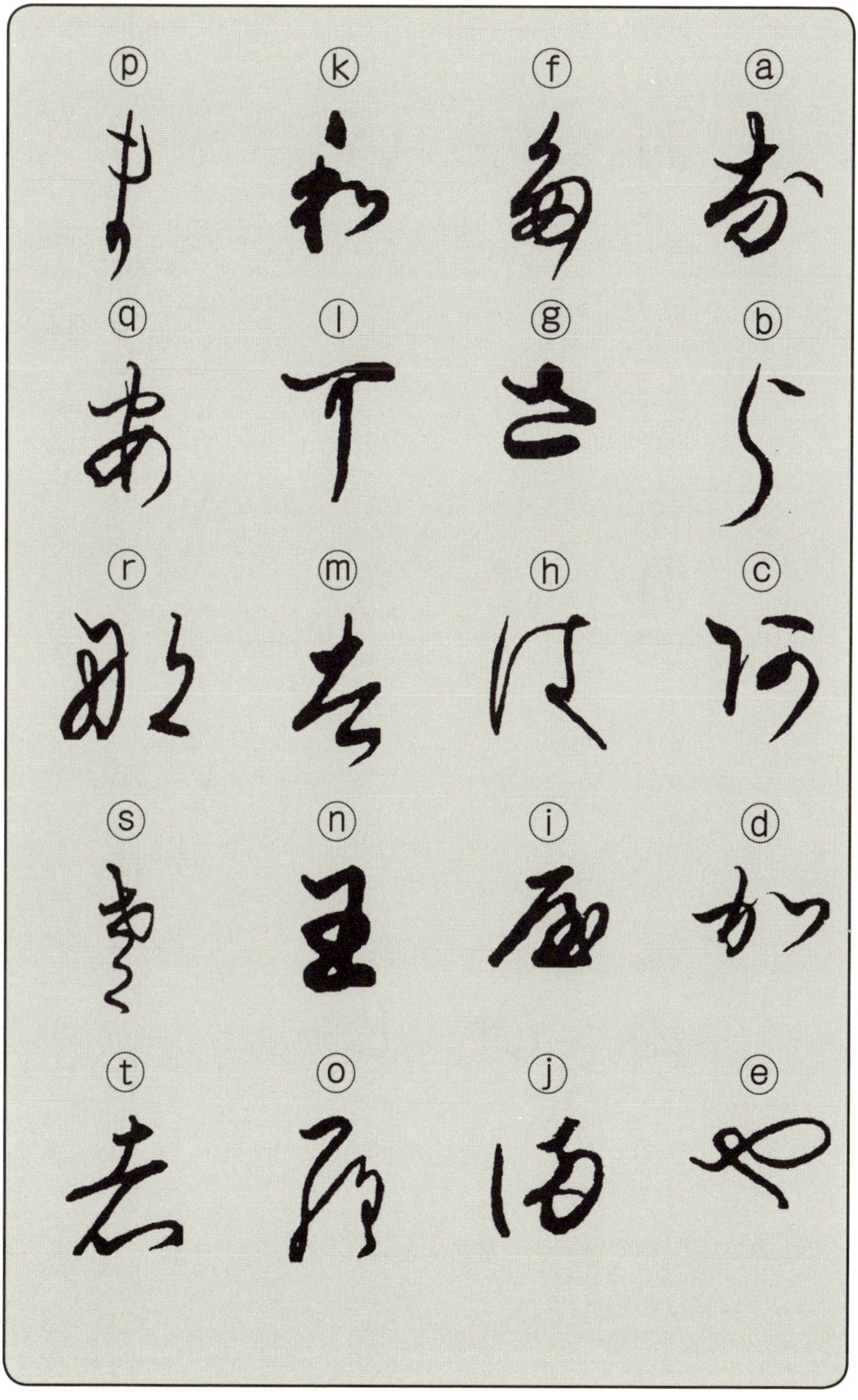

問16　（各1点、計18点）難易度C

次の「ひらがな」に該当するくずし字を、左欄のなかからアルファベットで二つずつ答えてください。なお、左欄には一つの「ひらがな」について、対応するくずし字が必ず二つ入っています。

①い（・）②き（・）③し（・）

④ち（・）⑤に（・）⑥ひ（・）

⑦み（・）⑧り（・）⑨ゐ（・）

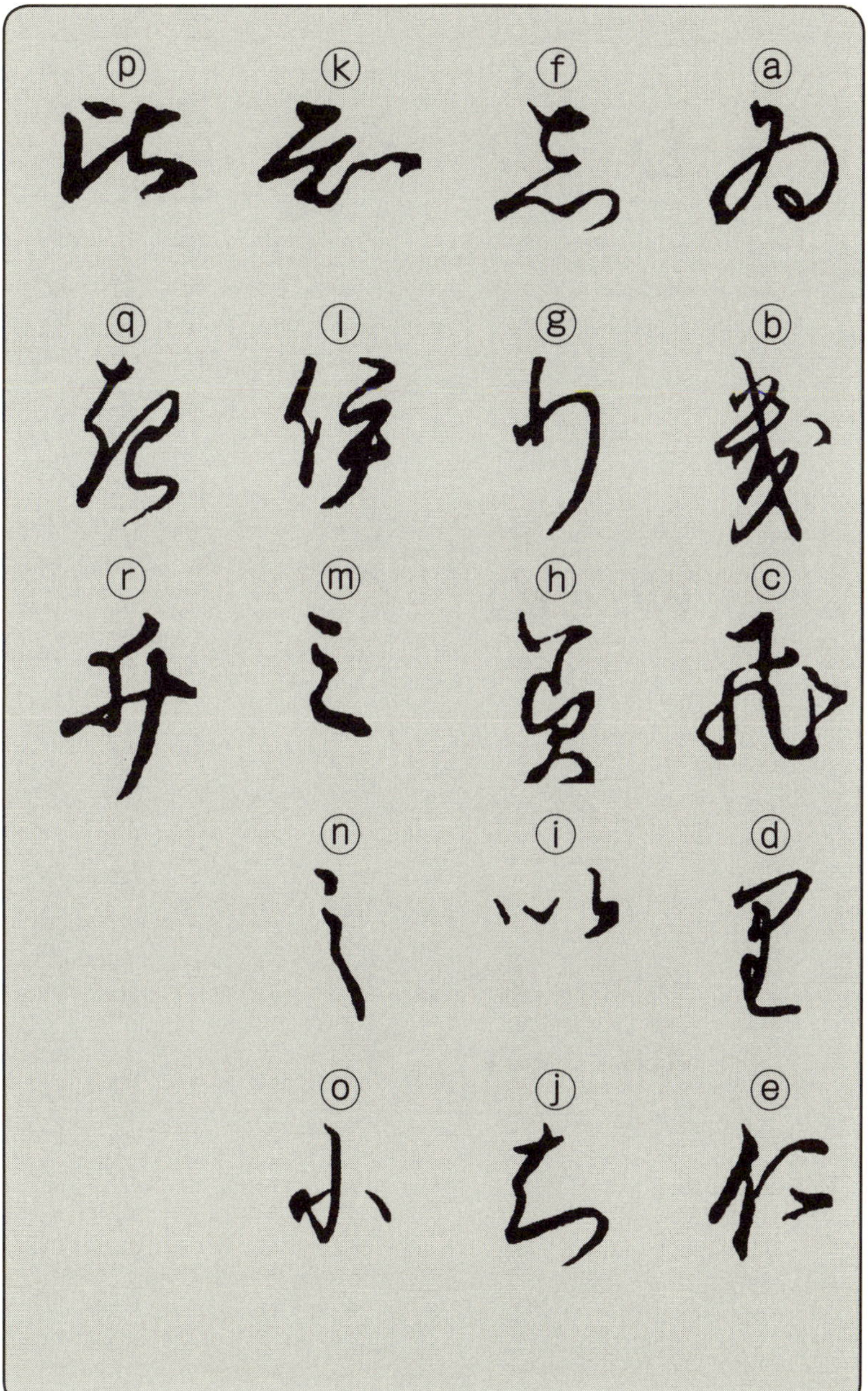

問17　（各1点、計18点）　**難易度C**

次の「ひらがな」に該当するくずし字を、左欄のなかからアルファベットで二つずつ答えてください。なお、左欄には一つの「ひらがな」について、対応するくずし字が必ず二つ入っています。

①う（　・　）　②く（　・　）　③す（　・　）

④つ（　・　）　⑤ぬ（　・　）　⑥ふ（　・　）

⑦む（　・　）　⑧ゆ（　・　）　⑨る（　・　）

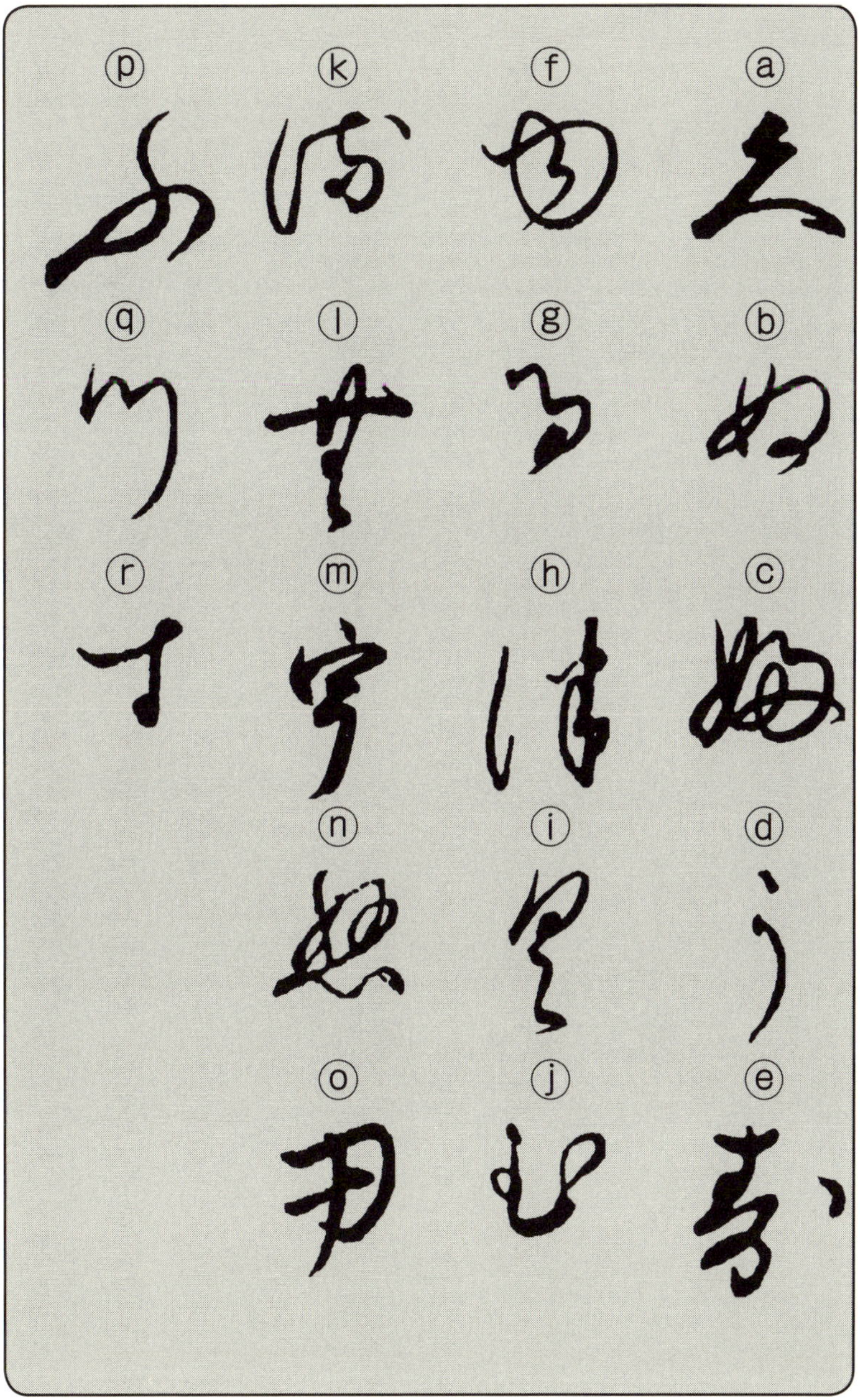

問18　（各1点、計18点）　**難易度C**

次の「ひらがな」に該当するくずし字を、左欄のなかからアルファベットで二つずつ答えてください。なお、左欄には一つの「ひらがな」について、対応するくずし字が必ず二つ入っています。

①え（　・　）　②け（　・　）　③せ（　・　）

④て（　・　）　⑤ね（　・　）　⑥へ（　・　）

⑦め（　・　）　⑧れ（　・　）　⑨ゑ（　・　）

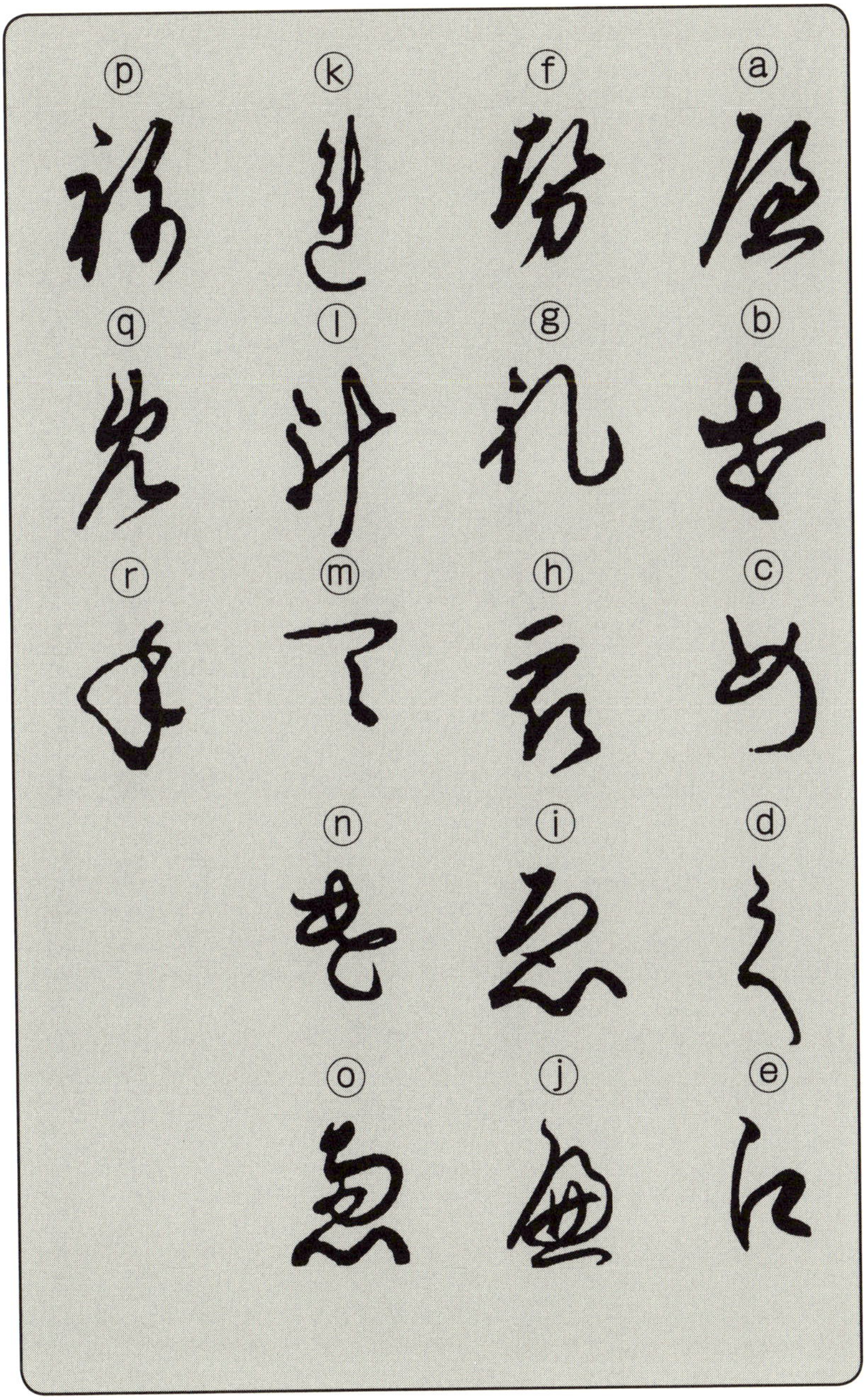

問19

（各1点、計20点）難易度C

次の「ひらがな」に該当するくずし字を、左欄のなかからアルファベットで二つずつ答えてください。なお、左欄には一つの「ひらがな」について、対応するくずし字が必ず二つ入っています。

①お（・）　②こ（・）　③そ（・）

④と（・）　⑤の（・）　⑥ほ（・）

⑦も（・）　⑧よ（・）　⑨ろ（・）

⑩を（・）

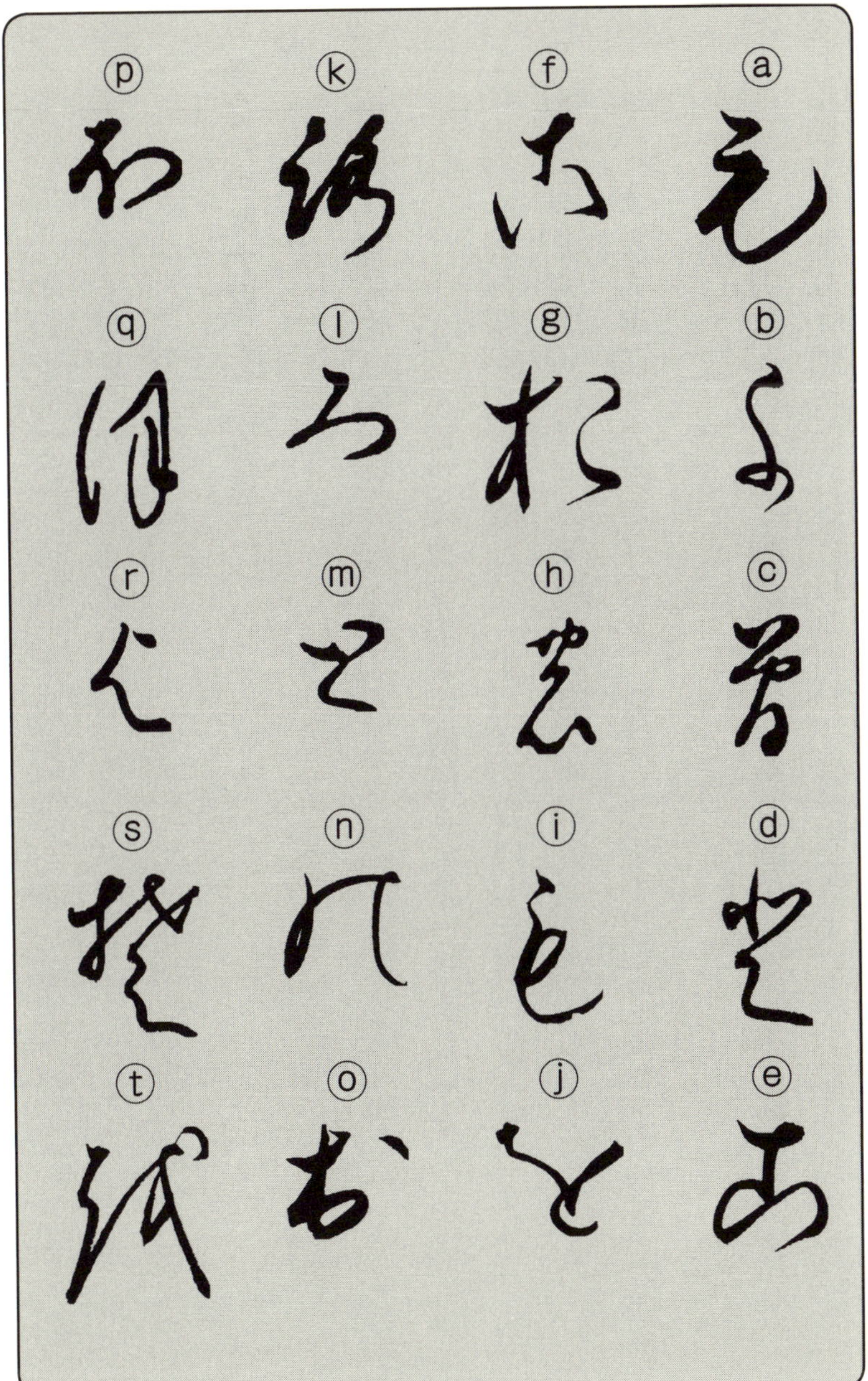

いかがでしたか。なかなか手ごわかったのではないでしょうか。江戸時代の「ひらがな」には、多いものでは一つにつき五種類ほどの「漢字」があてられるものもありますので、まだまだ安心はできません。

✻あなたの実力度（94点満点）

20点以下……可能性100（わかりやすいものから、「ひらがな」「漢字」「くずし字」のワンセットを、対応させていきましょう）

21〜40点……実力度30（素質あり。くずし字を真似して書いてみましょう）

41〜50点……実力度50（漢字の筆順や「偏」や「旁」に注目）

51〜60点……実力度60（力があります。継続してくずし字に慣れていけば大進歩します）

61〜70点……実力度70（かなり読めます。自分が弱いくずし字を徹底的に）

71〜80点……実力度85（たいしたものです。自信を持ってください）

81点以上……実力度100（くずし字を見分けるいい目を持っています）

ちょっと一息——解読のために——①

いかがですか。だんだん辛くなってきたと感じていらっしゃる頃ではないでしょうか。「だいじょうぶ、ほとんど読めます」という方から「さっぱり読めません、どうしたらいいでしょう」という方まで様々だと思います。いずれにせよここで深呼吸、ゆったりと体勢を立て直しましょう。

初級で既にお手上げ状態だった方は、まだ「ひらがな」とその元になっている漢字が結びついていないのですね。初級は〝活字〟の漢字ですので、ここで「漢字」と「ひらがな」とを結びつけて、知識として覚えてしまう決意をすることにしましょう。

まず、漢字の「音読み」と「訓読み」のどちらかが「ひらがな」に結びついている、という原則にたちかえりましょう。

「音読み」—計（けい）→「け」、由（ゆう）→「ゆ」、波（は）→「は」、加（か）→「か」、伊（い）→「い」

「訓読み」—於（おいて）→「お」、奈（な）→「な」、止（とめる）→「と」、乃（の）→「の」

〈問6〉に挙げられている「漢字」のいくつかを例に取ってみましたが、「音訓」読みのどちらかで読むことができました。問題を解きながら、「けっこう簡単だ」と思ってくださった方は、この原則を踏まえていらっしゃったからですね。一見結びつかないと思われるような、遣→「け」も、「遣唐使（けんとうし）」の「け」、と思ってください。希→「け」も「希有（けう）」の「け」と、覚えるといいですね。

旧表記を知っていらっしゃると納得できる結びつきも多いですね。たとえば、堂→「た」。堂は「だう」（＝「どう」のことですね）と書いていましたので、「だう」→「たう」の「た」です。遠→「を」も、「遠国（をんごく）」の「を」です。王→「わ」は「王様（わうさま）」の「わ」です。

このように考えていくと、「どうして、そう読むんだろう」と不思議に思う読み方にも、一つ一つ興味深い意味がありそうです。それを、お調べになってもきっと楽しいですよ。

でも、それはそれとして、とにかくここで「漢字」と「ひらがな」を結びつけて覚えてしまいましょう。初級でその知識をしっかり身につけてしまうと、「くずし字」が出てきても強いですよ。

そのためには、ご自分で、ノートやカードを作成してみてください。市販の字典（柏書房『入門古文書小字典』など）にも一覧は載っていますが、何しろ、ご自分の字で書いてみるのが一番です。「マイひらがな一覧」の作成は、とても大きな力になります。「あいうえお」順でも「いろは」順でもかまいませんからインデックスをつけましょう。そして、「元になっている漢字」「そのくずし字」が出てくる度に、ご自分で工夫しながら書き込んでいきましょう。

「け」の項目には、わかりやすい「計」から、そうだったそうだったと思い出す「遣」・「希」などとそれらの「くずし字」が、並んで増えていくことでしょう。

郵便はがき

料金受取人払郵便

本郷局承認

6898

差出有効期間
平成21年8月
14日まで

113-8790

東京都文京区本駒込
1－13－14

柏書房

編集部「古文書」係　行

お名前	(フリガナ)	性別	年齢
		男・女	
ご住所	都・道 府・県		
郵便番号		電話番号	
Eメール			

本のタイトル

読者の皆様とごいっしょに、古文書学習のための新しい企画を作っていきたいと考えております。以下は、お差し支えなければご記入ください。

①本書についてご回答下さい。

内　容（難しい　普通　やさしい）

利便性（使いやすい　普通　使いにくい）

価　格（高い　普通　安い）

②ご意見・ご感想、お読みになりたい企画など、ご自由にお書きください。

③古文書の学習にあたって初めてご購入された書籍および字典は何でしたか。また、現在は何をご利用ですか。

書籍名（　　　　　　　　　　　　　　　　　　　　　　）

字典名（初めて　　　　　　　　　現在　　　　　　　　）

④普段の学習では、おもに何をテキストとしてご使用ですか。

（書籍名・史料名など　　　　　　　　　　　　　　　　）

⑤現在、ご所属のサークルや同好会について、ご支障のない範囲でお答えください。

（サークル・同好会名　　　　　　　　　　　　　　　　）

（実施場所　　　　　　　　　　　　　　　　　　　　　）

（代表者名　　　　　　　　　お電話番号　　　　　　　）

⑥サークルや同好会の活動についてお聞かせください。

年に（　　）回、月に（　　）回、その他（独学など　　　　）

⑦小社の古文書学習書案内や新刊案内のご送付をご希望される方は□にチェックしてください。

（□希望する　　□希望しない）

■柏書房 愛読書カードへのご協力、ありがとうございました

初級は余裕だったけれど、中級に入ったとたんに答えられなくなったという方、その方は、まだくずし字に慣れていらっしゃらないのですね。無理もありません。とくに、くずし字を初めて見た方が読めないのは当然のことです。つまり安・阿→「あ」とわかっていても、が「安」、が「阿」とは見えない。ましてや「羅」（→「ら」）、「遺」（→「け」）、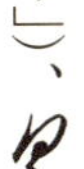「具」（→「く」）とはとてもとても見えない、という状態なのでしょう。

この場合は、とにかくくずし字を真似して書いてみましょう。指でなぞってみてもいいですね。じっとにらんで字形全体の特徴を頭に入れて、筆順をたどってみましょう。それをくり返しているうちに、ある時、見たとたんにそれが「ひらがな」として読めるようになっているご自分に驚くはずです。

つまり、は、たしか「尓」だったから「に」だ。と頭で考えずに、→「に」とストレートに結びつくのです。「あれ、どうして読めたんだろう」と、我ながら誇らしくうれしくなるはずです。そうなれば、しめたもの。必ずそうなります。それを楽しみに、どうぞくり返して問題を練習なさってください。

油井宏子

問20　（各1点、計20点）　**難易度C**

次の「ひらがな」に該当するくずし字を、左欄のなかからアルファベットで二つずつ答えてください。なお、左欄には一つの「ひらがな」について、対応するくずし字が必ず二つ入っています。

①か（　・　）　②し（　・　）　③わ（　・　）

④も（　・　）　⑤ち（　・　）　⑥と（　・　）

⑦さ（　・　）　⑧る（　・　）　⑨そ（　・　）

⑩は（　・　）

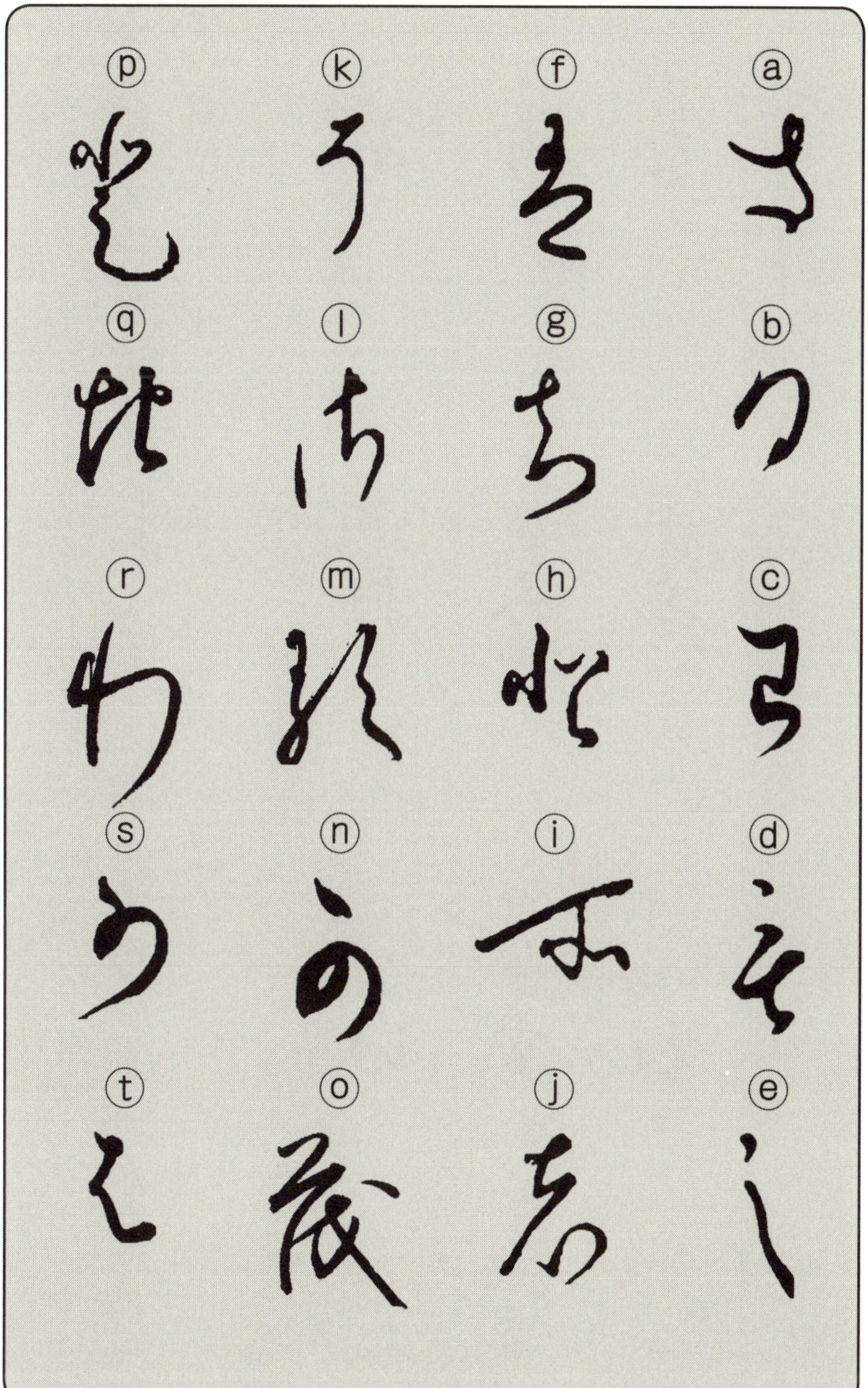

問21　（各1点、計18点）　**難易度C**

次の「ひらがな」に該当するくずし字を、左欄のなかからアルファベットで二つずつ答えてください。なお、左欄には一つの「ひらがな」について、対応するくずし字が必ず二つ入っています。

①あ（　・　）　②お（　・　）　③い（　・　）

④う（　・　）　⑤み（　・　）　⑥す（　・　）

⑦な（　・　）　⑧ふ（　・　）　⑨ね（　・　）

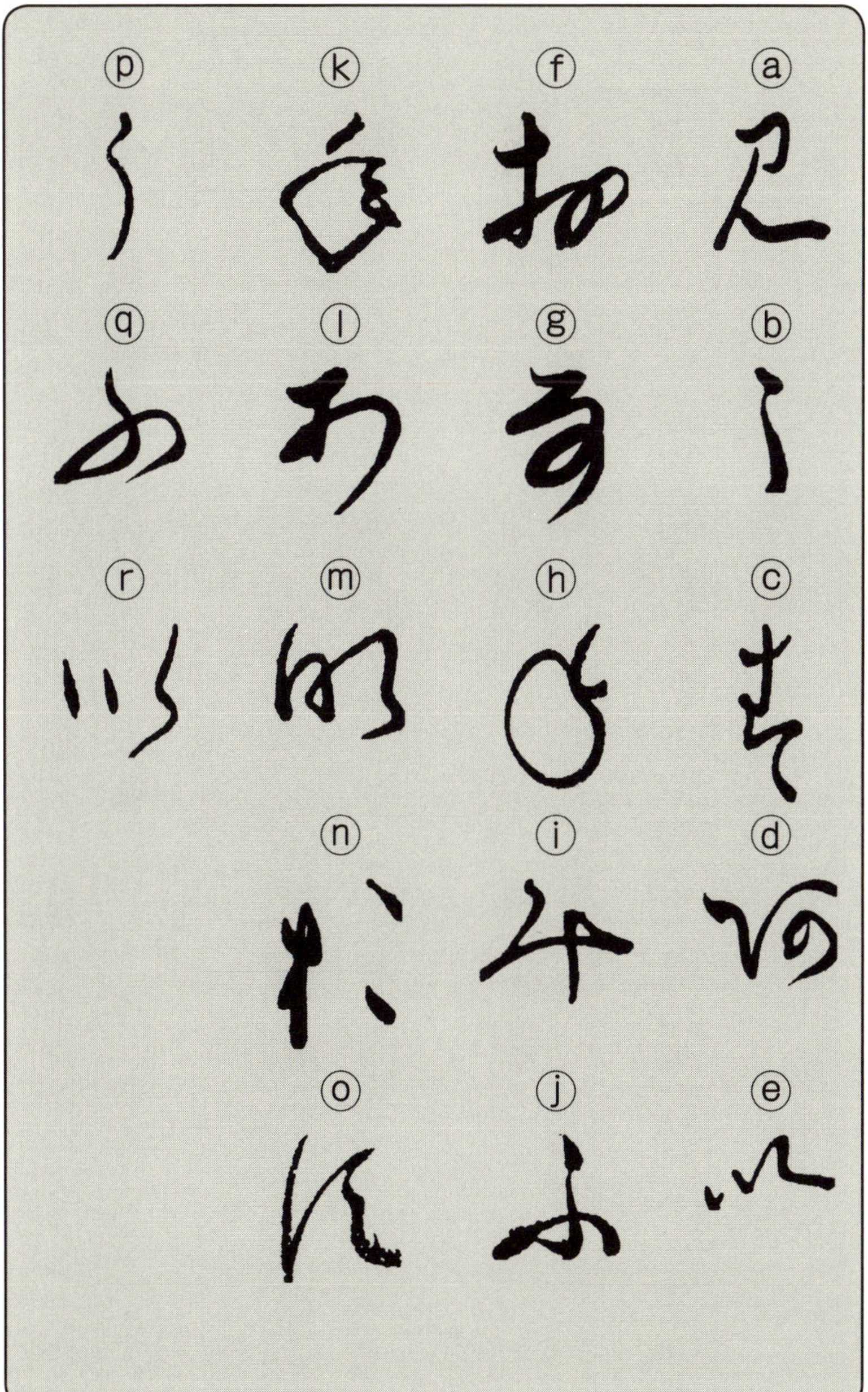

問22

（各1点、計18点）難易度C

次の「ひらがな」に該当するくずし字を、左欄のなかからアルファベットで二つずつ答えてください。なお、左欄には一つの「ひらがな」について、対応するくずし字が必ず二つ入っています。

①た（・）　②ぬ（・）　③き（・）

④ま（・）　⑤め（・）　⑥や（・）

⑦り（・）　⑧に（・）　⑨く（・）

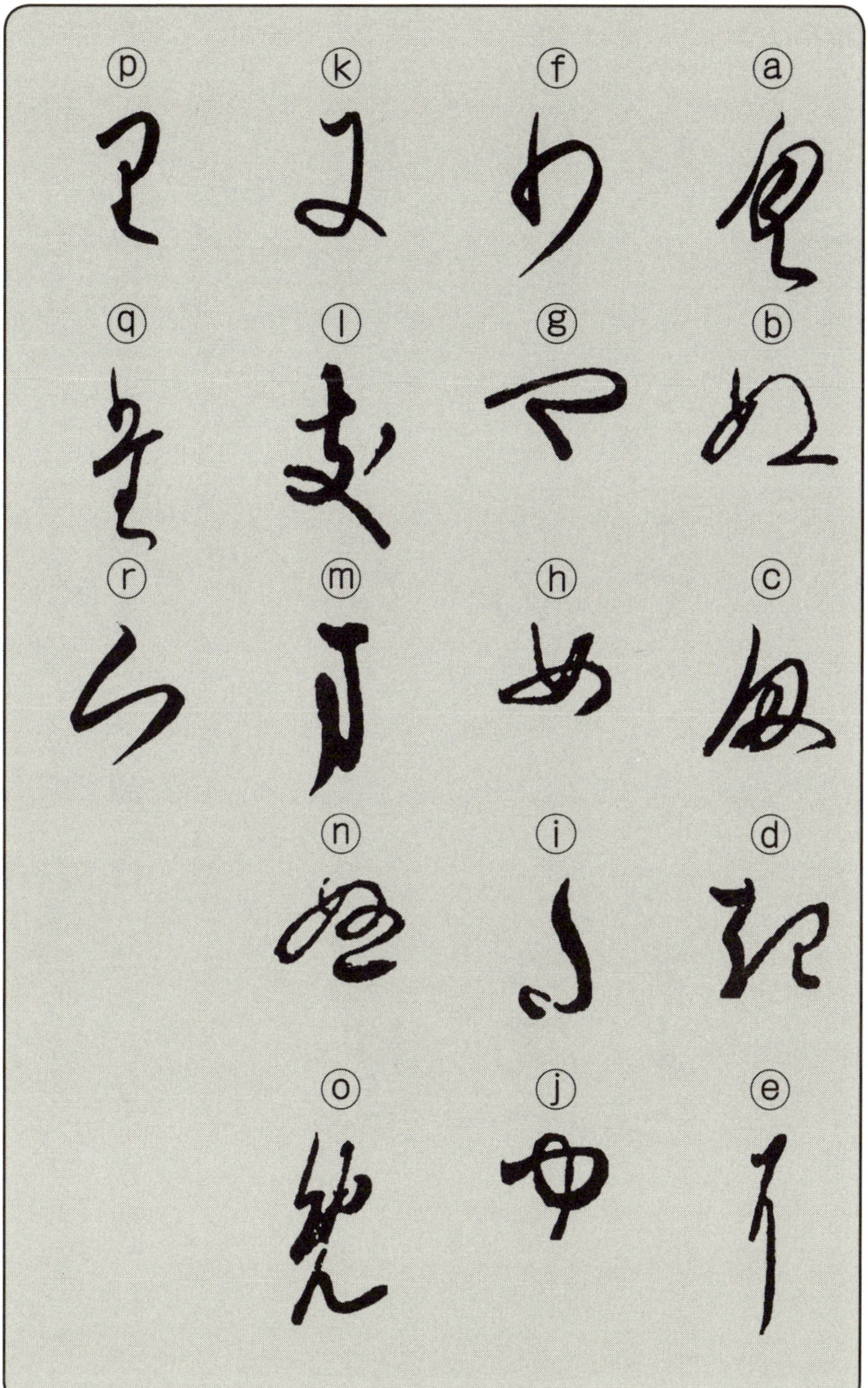

問23 （各1点、計18点） **難易度C**

次の「ひらがな」に該当するくずし字を、左欄のなかからアルファベットで二つずつ答えてください。なお、左欄には一つの「ひらがな」について、対応するくずし字が必ず二つ入っています。

① え（　・　）　② ひ（　・　）　③ け（　・　）

④ む（　・　）　⑤ ゐ（　・　）　⑥ ろ（　・　）

⑦ つ（　・　）　⑧ て（　・　）　⑨ よ（　・　）

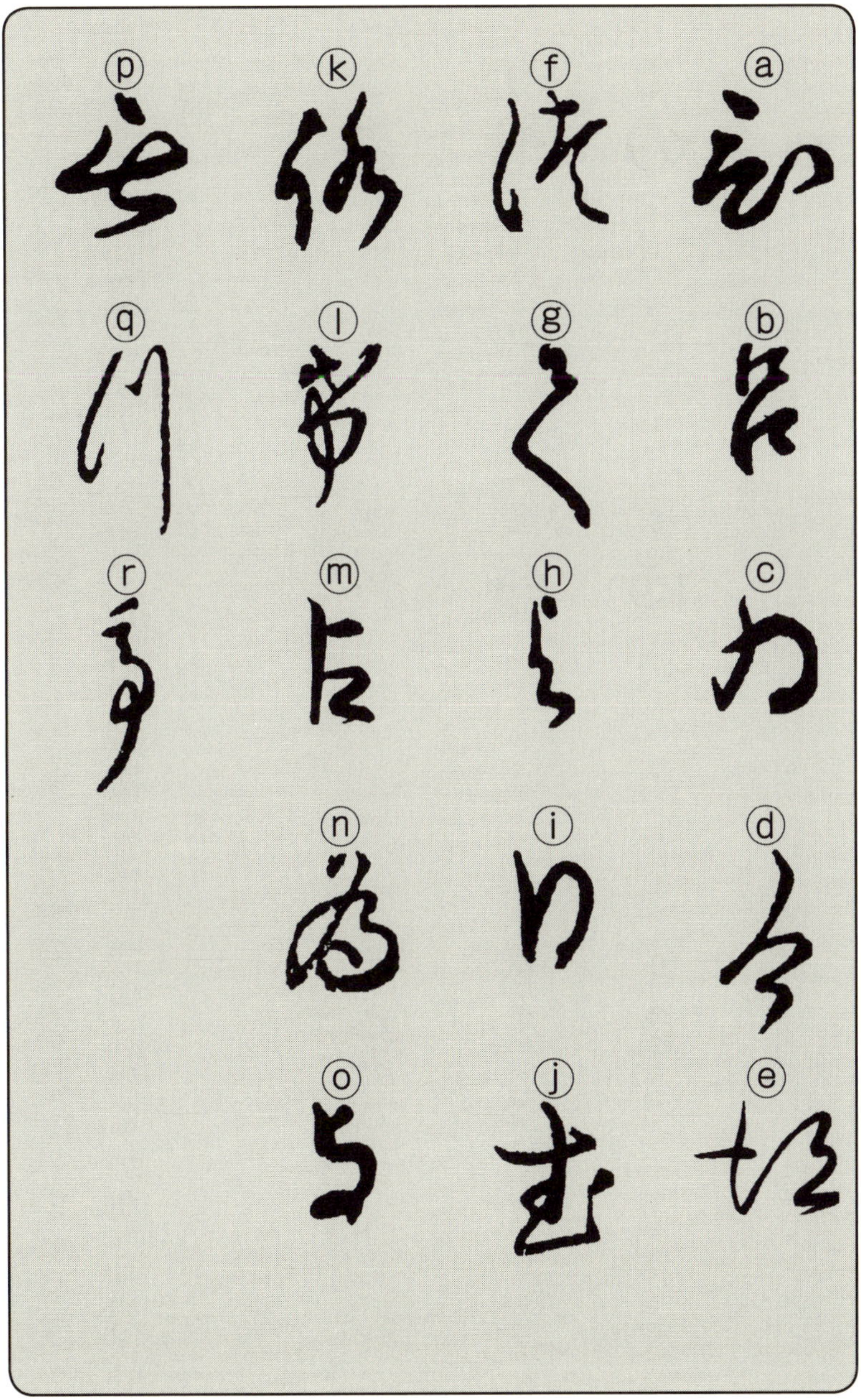

問24

（各1点、計20点）難易度C

次の「ひらがな」に該当するくずし字を、左欄のなかからアルファベットで二つずつ答えてください。なお、左欄には一つの「ひらがな」について、対応するくずし字が必ず二つ入っています。

①こ（ ・ ）　②れ（ ・ ）　③を（ ・ ）

④せ（ ・ ）　⑤ほ（ ・ ）　⑥ら（ ・ ）

⑦の（ ・ ）　⑧ゆ（ ・ ）　⑨ゑ（ ・ ）

⑩へ（ ・ ）

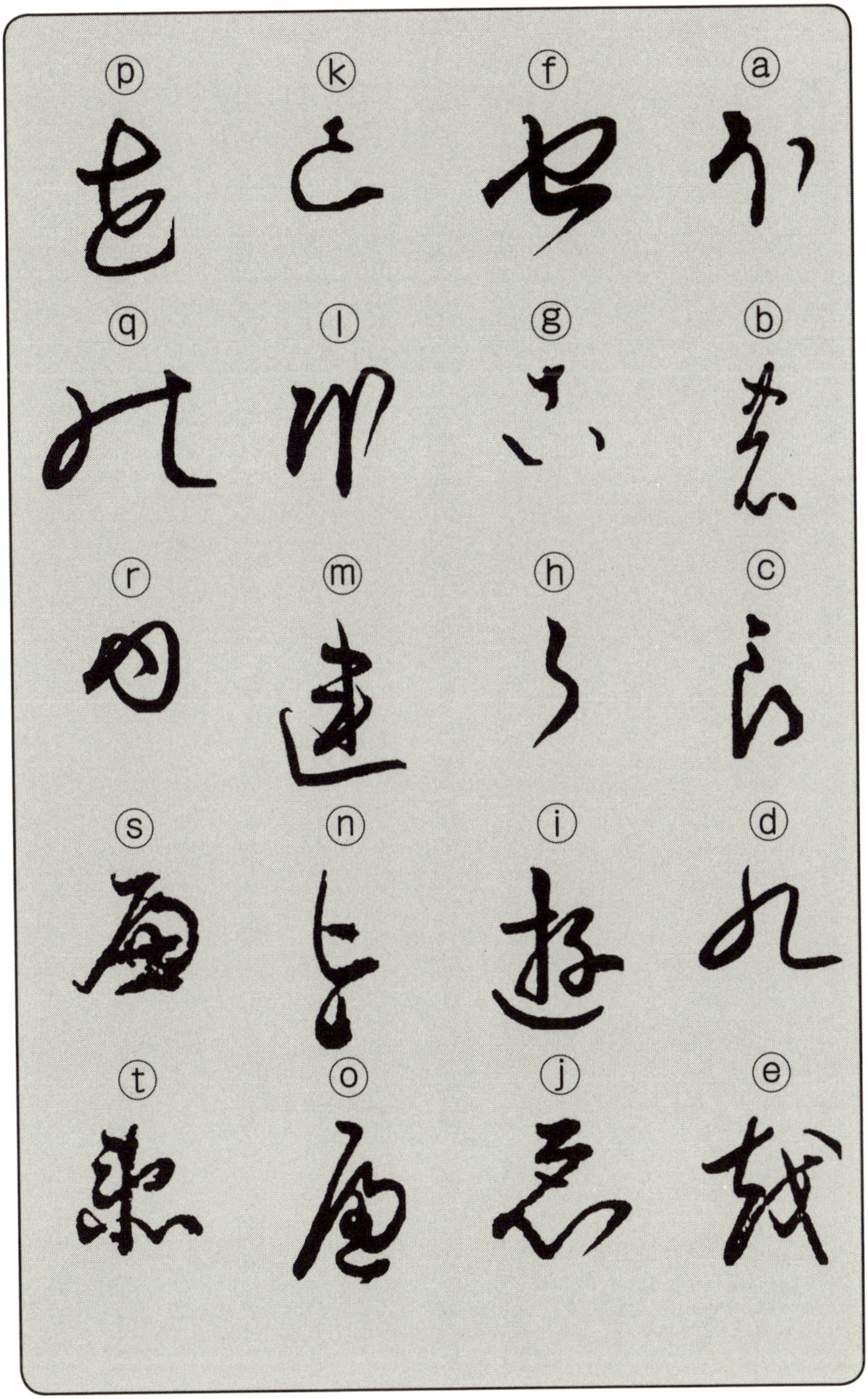

✻あなたの実力度（94点満点）

10点以下……可能性100（ほとんど「ひらがな」そのものに見える字から見つけて、元の「漢字」もついでに覚えていきましょう）

11〜30点……実力度40（だいぶ力がついてきました。真似して書いていますか）

31〜50点……実力度50（本当のおもしろさはこれから。復習第一で）

51〜70点……実力度70（どうしても読みにくい字を何度も練習しましょう）

71〜80点……実力度85（単独の「ひらがな」をこれだけ読めるとは、すばらしい）

81点以上……実力度100（「くずし字」が自分のものになってきて、うれしいですね）

くずし字を読む難しさとともに、その面白さも感じていただけたでしょうか。「なぜこの字がこんな風にくずれるの？」「活字と違うので元の形が全然わからない」という感想を持たれた方もいるのではないでしょうか。でも、それが普通の感覚です。ですから、ここからがスタートラインです。

ちょっと一息——解読のために——②

いかがですか。たくさんのくずし字が頭のなかでぐるぐるまわっている状態でしょうか。胸突き八丁を越えられれば、展望が開けます。どうぞ、がんばってください。それとも、そんな心配は無用で、もうくずし字の面白さに夢中になっていらっしゃるころでしょうか。そうだとしたら、とてもうれしいのですが。

「ひらがな」「漢字」「カタカナ」を問わず、読みにくい字というのはあります。しかもその〝どうしても読みにくい字・苦手な字〟は、人によって違うようです。「古文書のなかに何回も出てきたのになかなか読めない、前に見たことがある字なのに」、とお思いになるくずし字が、お一人お一人微妙に違うのです。だからこそ、楽しいのですね。

この書物で、ご自分がどの字に弱いかの確認——ご自分にとって見分けにくい「ひらがな」のくずし字のチェック——ができただけでも、まず大きな進歩です。次の段階としては、そのくずし字に少しずつ慣れていくことにしましょう。真似をして何度も書いてみてください。もちろん、「マイひらがな一覧」に「くずし字」も書き加えていってくださいね。上手に書かなくては、と無理をしなくても、見えたままを写し取っていきましょう。

問15から問24では、一つの「ひらがな」について四個ずつの「くずし字」が紹介されていますから、それをマスターすることができれば、まず鬼に金棒です。

そして、うれしいことには、皆さんがそうやって本書で習得した「ひらがな」が、実際の古文書のなかでは「漢字」として扱われてたくさん出てきますので、結果的には本書で「漢字」そのものを学習していることにもなるのです。

たとえば、「か」の元になっている「可」。皆さんは本書では「可」だから「か」、「ひらがな」の「か」なのだ、とお覚えになりました。しかし、同時には、ご存知のとおり「漢字」の「可（べし）」そのものとして文書のなかに頻出します。「可仕（つかまつるべし）」、「可然（しかるべし）」など、「可（べし）」が出てこない古文書はほとんどない、と言っていいでしょう。

「無」→「む」も、同様です。「漢字」そのものとして「無之（これなく）」、「無相違（そういなく）」など、たくさんお目にかかります。

というわけで、皆さんはここで188個の「くずし字」を勉強しながら、その元になっている百以上の漢字そのものに慣れ親しんだことにもなるのです。

これは大きな財産です。今後、ご自分で古文書の文章を読解する時にも有効ですから楽しみですね。どうですか、先の見通しがたってきましたか。そう遠くない将来に、古文書を読解してそこからたくさんの内容を読み取っていらっしゃるご自分を想像して、まずは本書の学習を続けましょう。

油井宏子

問25～問32

「ひらがな」熟語を読んでみよう

一文字「ひらがな」のくずし字はいかがでしたか。問題のなかには、問1から問5で見た「きそば」や「うなぎ」「せんべい」「御てもと」など、身近で見かけることのあるくずし字があったかと思います。

しかし、一文字「ひらがな」が読めたとしても安心は禁物です。古文書や版本では「漢字」とセットで、あるいは「ひらがな」だけで二文字、三文字、四文字と続けて書かれることのほうが圧倒的に多いからです。これがなかなか難しい。ここでは「ひらがな」熟語（複数の「ひらがな」による続け文字）の解読に挑戦してみましょう。

問25 次の「ひらがな」熟語を解読してください。

（各1点、計10点）**難易度A**

①

（　　　　）

②

（　　　　）

③

（　　　　）

④

（　　　　）

⑤

（　　）

⑥

（　　）

⑦

（　　）

⑧

（　　）

⑨

（　　）

⑩

（　　）

問26

次の「ひらがな」熟語を解読してください。

（各1点、計10点）　難易度A

①

（　　　　）

②

（　　　　）

③

（　　　　）

④

（　　　　）

⑤

（　　　　）

⑥

（　　　　）

⑦

（　　　　）

⑧

（　　　　）

⑨

（　　　　）

⑩

（　　　　）

問27

次の「ひらがな」熟語を解読してください。

（各2点、計20点）難易度B

①

（　　　）

②

（　　　）

③

（　　　）

④

（　　　）

⑤

⑥

⑦

⑧

⑨

⑩

問28

次の「ひらがな」熟語を解読してください。

（各2点、計20点）難易度B

①

（　　　）

②

（　　　）

③

（　　　）

④

（　　　）

⑦ あやうん

⑧ 第うゐん

⑨ ろ弖

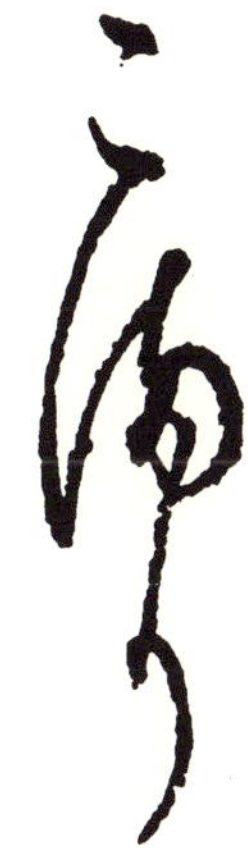

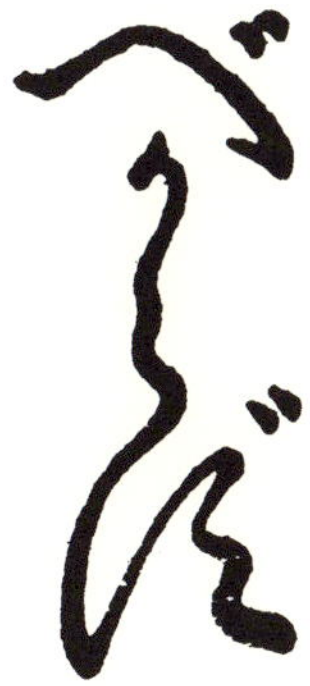

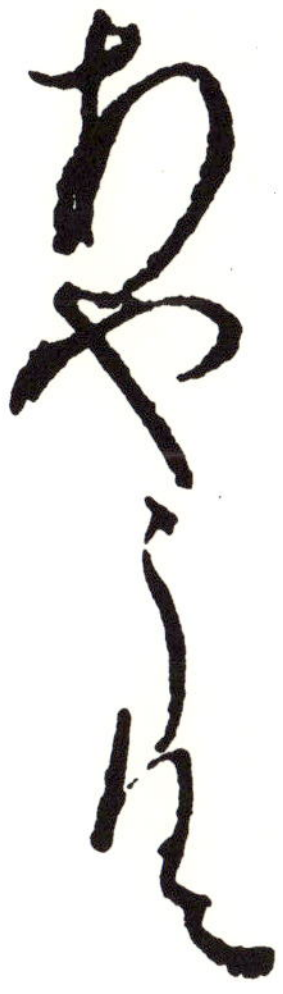

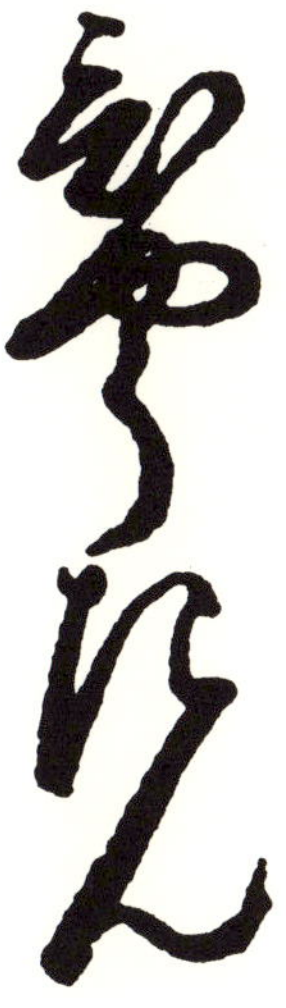

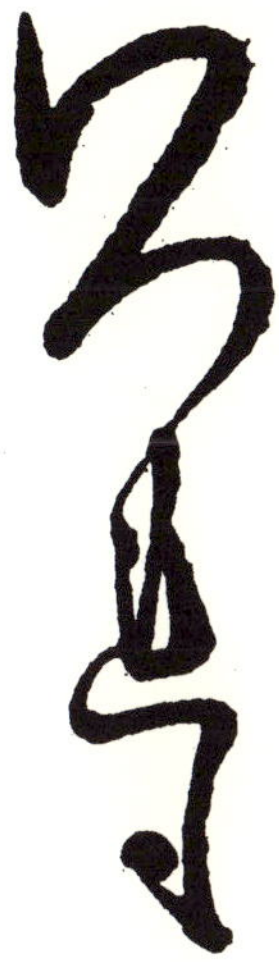

問29

次の「ひらがな」熟語を解読してください。

（各4点、計40点）**難易度C**

①

（　　　）

②

（　　　）

③

（　　　）

④

（　　　）

⑤

（　　　）

⑥

（　　　）

⑦

（　　　）

⑧

（　　　）

⑨

（　　　）

⑩

（　　　）

問25～問29までは比較的わかりやすい問題をご用意いたしましたが、皆さんできましたか？　二字から五字までの「ひらがな」熟語でしたが、一文字「ひらがな」がマスターできていれば、ある程度の解読はできたのではないかと思います。

✽ あなたの実力度（100点満点）

10点以下……可能性100（「かやう」と解読しますが「かよう」と音読します）
11～30点……実力度20（読める字からがんばって埋めていきましょう）
31～40点……実力度40（読めない字は、語意からも判断しましょう）
41～50点……実力度50（「ひらがな」熟語の好調なスタートラインです）
51～70点……実力度65（かなり読めますね。字と字のつながりに注目して真似して書いてみましょう）
71～90点……実力度80（よく読めています。「ひらがな」がこわくなくなりましたね）
91点以上……実力度100（すばらしい実力です。「くずし字」が身についています）

次の問30から問32は難問揃いです。まずは、読める字から埋めていき、残った部分に何がくれば日本語となるのかを考えれば、答えが見えてきます。

ちょっと一息——解読のために——③

いかがですか。意外と読めてしまったのではないでしょうか。「ひらがなの天才かも」などと、得意満面でいらっしゃるといいのですが。

それとも、読めなくて落ち込んでいらっしゃるでしょうか。慣れないうちは判読できなくて当然ですから、がっかりしないでくださいね。解答を頼りに、何度も練習してみてください。元の漢字が何かを確認することと、真似して書いてみることをお忘れなく。「マイひらがな一覧」をどんどん活用しましょう。問25から問29の、複数の「ひらがな」による続け文字も、字と字のつながり方に感心しながら、まるごとそのまま書き入れていきましょう。

ここでは、三つのことを指摘しておきたいと思います。

まず、単独の「ひらがな」より、「ひらがな」熟語の方が読みやすい、と実感なさったのではないかという点。それは、なぜでしょうか。前後から類推できるからですね。たとえば  「よからぬ」。「よ」（与）、「か」（加）、「ら」（良）まで読めて、その下の  は何だ

ろう、となった時、「よから」ときたんだから「ぬ」かな。そういえば「怒」↓「ぬ」があった。そうだ、それだ。うまくつながった。となります。実際の古文書を読むときには、このように前後から類推することができますので、一文字だけで出てくるよりずっと楽です。

次に、濁点について。古文書にはほとんど濁点が書かれていません。

↓お（於）よひ↓ああ、「および」のことか。

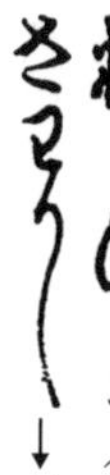↓さわ（王）か（可）し↓わかった、わかった「さわがし（騒がし）」だ。一揆や喧嘩、騒動の時の文書に出てきているのかな。

↓めてた（多）き（起）↓これは「めでたき」のことだ。

と、なるわけです。読むことが、楽しくなっていただけるでしょうか。

ただし、注意していただきたいことは、を解読（筆写）するときには、「およひ」と書く、つまりあくまで〝原文書どおりに（濁点を打たずに）写す〟ということです。そして、頭の中では「および」だな、と思ってください。もちろん、音読する時にも「**および**」と読みます。「べからず」のように、はじめから文書自体に濁点が打ってある時には、もちろん「べからず」と筆写します。

三つ目は、音読について。是非何度も音読してください。必ず力がつきます。

「ゆへ」↓「**ゆえ**」、「いつれ」↓「**いずれ**」、「**おそれ**」、「かやう」↓「**かよう**」……くずし字をゆっくり目で追って確認しながら、大きな声でくり返し読んでください。くずし字が、驚くほど自分のものになってくると思います。そして、真似して書い

てみることも続けてください。「自分には書けない」と思わずに、指でなぞってみるだけでも、くずし字が伝えようとしていることが伝わってきますよ。

さあ、だいぶ勇気がわいてきましたか。実のところ、71頁までの学習で、古文書のなかに出てきている「ひらがな」は、よほどくずれたもの以外は、かなり読めるようになっているはずです。そして、その〝よほどくずれた〟「ひらがな」には、皆さんが書状や日記を読む機会がおありになった時に、出会うことになるでしょう。その時には、文脈を考え、前後の文意をとりながら、解読に挑戦して楽しんでくださいね。

というわけで、ここまで理解できていれば、もう「ひらがな」を恐れないでください。でも、侮ってもいけませんよ。くり返し読んでみてください。「じっとにらむ（筆順や全体の字形をよく見る）」「真似して書いてみる」「音読する」が大切です。

では、次ページからの、少しむずかしめの「ひらがな」熟語に取りかかりましょう。どんなにくずれているように見えても、ひとつひとつの「ひらがな」に必ず形があって、それが書かれていますので、見落とさないようにしましょう。もし、わからなかったら、「解答」を参考に確認しながら読んでいって、復習に力をいれてくださいね。

油井宏子

問30 次の「ひらがな」熟語を解読してください。

（各4点、計40点）難易度C

①

（　　　）

②

（　　　）

③

（　　　）

④

（　　　）

⑤

（　）

⑥

（　）

⑦

（　）

⑧

（　）

⑨

（　）

⑩

（　）

問31

次の「ひらがな」熟語を解読してください。

（各5点、計30点）　難易度D

①

（　　）

②

（　　）

③

（　　）

④

（　　）

⑤

（　　）

⑥

（　　）

問32

次の「ひらがな」熟語を解読してください。

（各6点、計30点）　難易度D

①

（　　）

②

（　　）

③

（　　）

④

（　　）

⑤

（　　）

いかがでしたか？　かなり難しかったでしょう。長年古文書を学習している方でも間違える方がいるでしょうから、読めなくても悲観する必要はありません。読めなくて当たり前。でも不思議なことに、慣れてしまうとスラスラ読めてしまうようになります。あきらめないで頑張ってください。

✿あなたの実力度（100点満点）

10点以下……可能性100（急にむずかしくなりましたが、あきらめないで。解答を見ながら確認しましょう）
11〜30点……実力度40（「きり」まできたら「し（志）た（多）ん」かなと予測）
31〜50点……実力度50（どこまでが一文字か、じっくりにらみましょう）
51〜70点……実力度70（何度も音読してください。応用がききます）
71〜90点……実力度85（むずかしいくずしを、よくここまで読めています）
91点以上……実力度100（「ひらがな」熟語の達人ですね。おみごと）

上級◉――

「漢字」混じりのくずし字が読める

問33〜問40

「漢字」とセットなら読みやすい？

ここまで、問15からの一文字「くずし字」に始まって、問25から問32までは、「ひらがな」熟語の解読に挑戦してもらいましたが、出てきたくずし字の数は、重複も含めるとなんと461個にもなりました。複数の「ひらがな」が続けて書かれることで、微妙にくずし方が変わったりすることもありますので、わからなかったところや間違えたところは何度でも復習をしてください。

以下、問33から問40までは、これまでと趣向を変えて、「漢字」混じりの「ひらがな」読みに挑戦してもらいます。「漢字」はあらかじめ解答欄に入れてありますので、「漢字」をヒントにして、その前後にどのような「ひらがな」が入れば熟語や文章となるのかを考えてみましょう。

問33 （各1点、計10点）**難易度A**

以下に掲げる熟語や文章のうち、「ひらがな」部分を解読して、空欄に答えを書き込んでください。

①

古□

②

庄屋□□□

③

□□押□

④

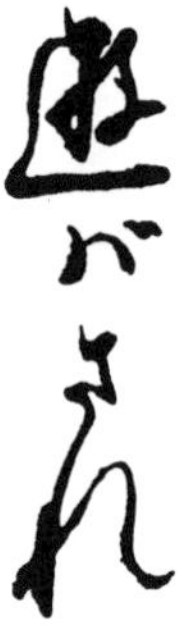

遊バ□□

⑤

□□迄□

⑥

法度□□□

⑦

□様之事

⑧

五人組□相断

⑨

酒屋渡□□

⑩

然□□□□□

問34 （各1点、計10点） **難易度A**

以下に掲げる熟語や文章のうち、「ひらがな」部分を解読して、空欄に答えを書き込んでください。

①

今般□

②

竹□□

③

他領□□

④

正月□□

⑤

右躰之□□□□

⑦

千代□□□

⑨

組親□相唱

⑥

両院ニ□□□

⑧

□□□□御紋

⑩

少□相違不ニ申上一

問35 （各2点、計20点）**難易度B**

以下に掲げる熟語や文章のうち、「ひらがな」部分を解読して、空欄に答えを書き込んでください。

①

申□□

②

取□□□

③

証文□取

④

何□□□

⑤

御障□□八

⑦

御□□度

⑨

七之助□申□□

⑥

狼藉□□□

⑧

生類□□□□

⑩

御□□様

問36

（各2点、計20点）**難易度B**

以下に掲げる熟語や文章のうち、「ひらがな」部分を解読して、空欄に答えを書き込んでください。

①

夕□□

②

御心□□

③

水□□□

④

心□□□

⑤

法□□□□

⑦

一□□□□

⑨

□□□仕間敷

⑥

可レ然□□□被レ申候

⑧

□□□申□□ハ□

⑩

中ニ□□□置可レ申候

問37

以下に掲げる熟語や文章のうち、「ひらがな」部分を解読して、空欄に答えを書き込んでください。

（各4点、計40点）難易度C

①

□□敷

②

明□□□

③

念□入

④

長崎□□

⑤

□□□入□□

⑦

御鷹野□□

⑨

奉公□□□□□

⑥

徒党□□□□□義

⑧

遊興□□□□□

⑩

□□□□□場所

問38　（各4点、計40点）　難易度C

以下に掲げる熟語や文章のうち、「ひらがな」部分を解読して、空欄に答えを書き込んでください。

①

誠□

②

年□暮

③

何方□□□

④

処□□□

⑤

有難□

⑦

此度□

⑨

目□見□□

⑥

慥□□

⑧

入□□□□□事

⑩

申□□□□□□

問39　（各6点、計30点）**難易度D**

以下に掲げる熟語や文章のうち、「ひらがな」部分を解読して、空欄に答えを書き込んでください。

①

御□□□候

②

御陣□□□□□候

③

御□□□□□□候

④

御覧□□□候

⑤

百姓惣代□□□□

問40

以下に掲げる熟語や文章のうち、「ひらがな」部分を解読して、空欄に答えを書き込んでください。

（各6点、計30点）　**難易度D**

①

悪敷成□□所ハ

②

見□□□□□□

③

身持□□□□

④

□□□□月□

⑤

恩儀□□□□□

✲あなたの実力度（200点満点）

10点以下……可能性100（「ひらがな」の元になっている「漢字」を解答で確認しながら、少しずつ覚えていきましょう）

11〜30点……実力度10（「漢字」も含めながら何度も音読して、語調に慣れましょう）

31〜50点……実力度20（とりあえず、問36までを完全にマスターしましょう）

51〜70点……実力度30（「くずし字」が字として目に飛び込んできていますね）

71〜90点……実力度40（何が書いてあるか見当がつくようになってきましたね）

91〜110点……実力度50（いいですよ。似ている字を見分けられるようになってきました）

111〜130点……実力度70（自分の苦手な「ひらがな」を重点的に克服しましょう）

131〜150点……実力度80（実力派。今までの学習がきちんと身についています）

151点以上……実力度100（すばらしい。さらに精進して達人を目指しましょう）

問41〜問44

「ひらがな」が読めれば版本は簡単に読める？

ここまでは、「ひらがな」のさまざまな種類を、活字とくずし字の両面から見てきました。「ひらがな」の元はすべて「漢字」ですので、「ひらがな」と「漢字」の相関関係をまず活字で学習し、ついで「漢字」のくずし字から何の「ひらがな」なのかを解読してきました。

くずし字になると一気に難しくなってしまい、何がなんだか分からなくなってしまった方もいるかもしれません。そのような方はここでの問題に挑戦する前に、もう一度、問1〜問40までを復習してください。くり返しくり返し復習することで、ある時ふと、一つ一つのくずし字の形が必ず「文字」として見えてくるようになります。

それでは、これまでの学習を踏まえて、最後に江戸時代の版本を読んでみましょう。当時の版本には、頻出する「御」や「候」などを除いて、ほとんどの「漢字」の脇には「ひらがな」で読みがなが振られていました。それゆえ、「漢字」が読めなくても「ひらがな」が読めれば文章を読むことができたのです。

問41

まずは江戸時代の初等教科書「往来物」のなかから『商売往来《しょうばいおうらい》』を取り上げます。難しい「漢字」も出てきますが、「ひらがな」が分かれば「漢字」は問題ありません。「漢字」右脇の空欄に「ひらがな」を埋めてみてください。

商賣《しやう》往《ばい》来《わう》《らい》　堀流水軒筆

□□□商□□売□□往□□来　堀流水軒筆

凡《およそ》商《しやう》賣《ばい》持《もち》扱《あつかふ》文《もん》字《ぢ》

□□□凡□□□商□□売□□持□□□□扱□□□文字

員《いん》数《じ》取《とり》遣《やり》之《の》日《にっ》記《き》

員数、取遣之日記

証《しょう》文《もん》注《ちゅう》文《もん》請《うけ》取《とり》質《しち》

証文、注文、請取、質

入、算用帳、目録、仕切之

覚也。先両替之金子、

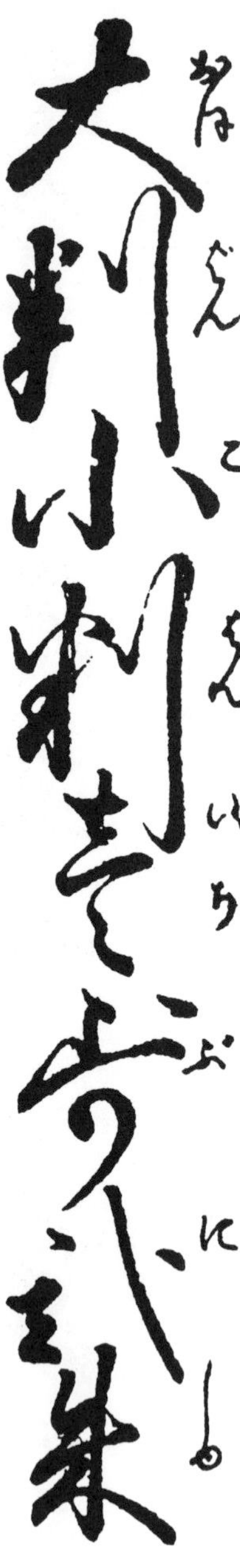

大《□□》判《□□》、小《□》判《□□》、壱《□□》歩《□》、弐《□》朱《□□》。

問42

次に女子用の教科書『女庭訓往来《おんなていきんおうらい》』からの出題です。『女大学《おんなだいがく》』や『女今川《おんないまがわ》』『女重宝記《おんなちょうほうき》』なども同種のもので、女子の守るべき心得や教訓、生活一般に関する事項などが書かれていました。漢字右脇の空欄と本文の空欄に「ひらがな」を埋めて、文章を完成させてください。

是《□□》□□申候ハ□□思《□□》□候

折《□□》□□□□御文《□□》□□バ、

同《□□》□心《□□□》□程《□□》□□社《□□》候□、

今日《□□》明日《□□》□内《□□》、花《□□》盛《□□□》ニ成候由《□□》、

誠《□□□》□此程《□□□□》八東風《□□》□□□□□

和《□ハ□》□□春雨《□□□□》□沃《□□》□勝《□□》□□□

催《□□□》□□候□□、□□□□□□早《□□》□

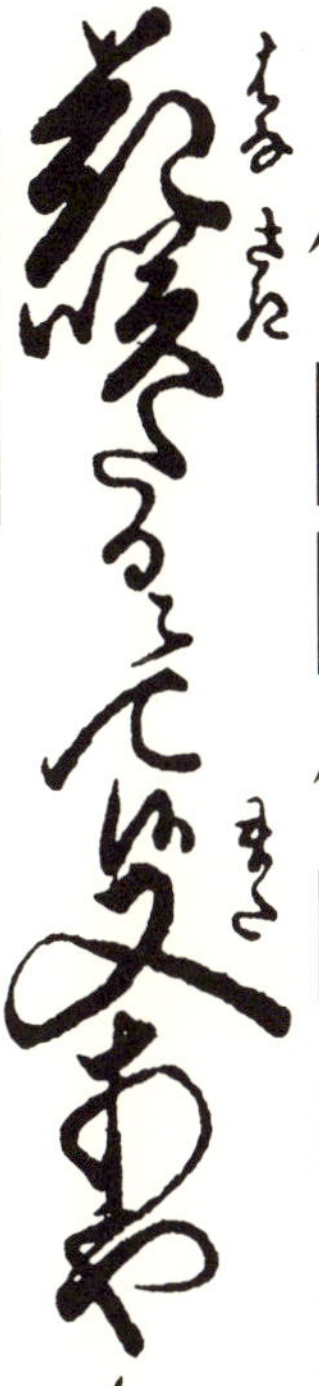

花《□□》咲《□□》□□ニ□候、又《□□》□□□□

散《□□》□□□□□□バ、夜《□》□間《□》□風《□□》□

心元□□□□□候□バ、

片時□急□御覧□□□□バ、

御供□致□度心□□□候、

花《□□》□身《□》□□□□人々、歌《□□》□耽《□□》□

輩《□□□□》□□、誘《□□》□参《□□□》申□□候、

兼《□□》□兮（ヨリ）花《□□》見《□》□装束《□□□□》ハ

桜□□□□□、裏山吹、

柳□□□物□□、己□□□□心々□

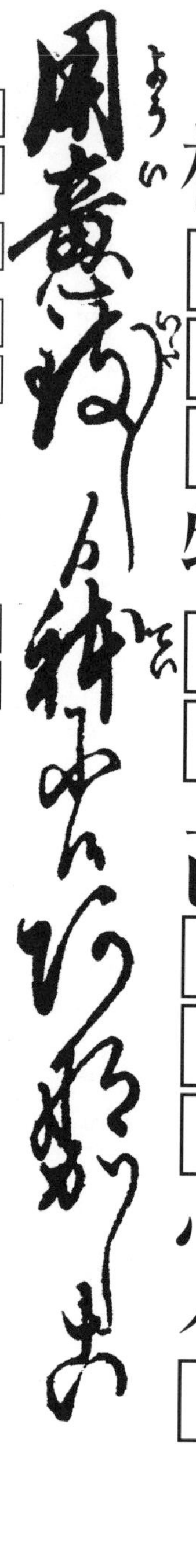

用意致□候躰□候、□□□□□

□□□□

弟月廿三日

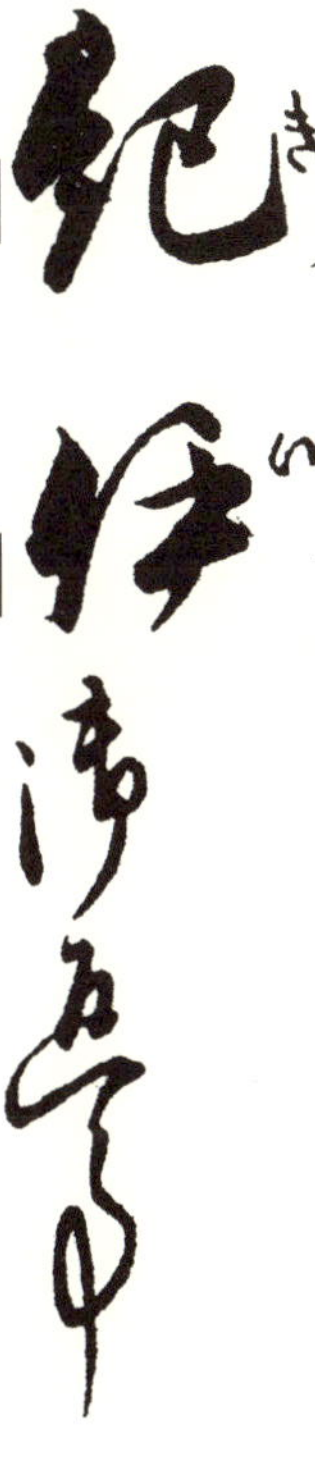

□　□

紀　伊御返事

□　□□□□□

小少将

問43

次は『小笠原諸礼大全《おがさわらしょれいたいぜん》』という礼法書の一節からの出題です。小笠原家は、室町時代以降、武家礼法をもっぱらとした家で、江戸時代には、将軍家や大名家だけでなく、一般庶民にまで浸透していました。

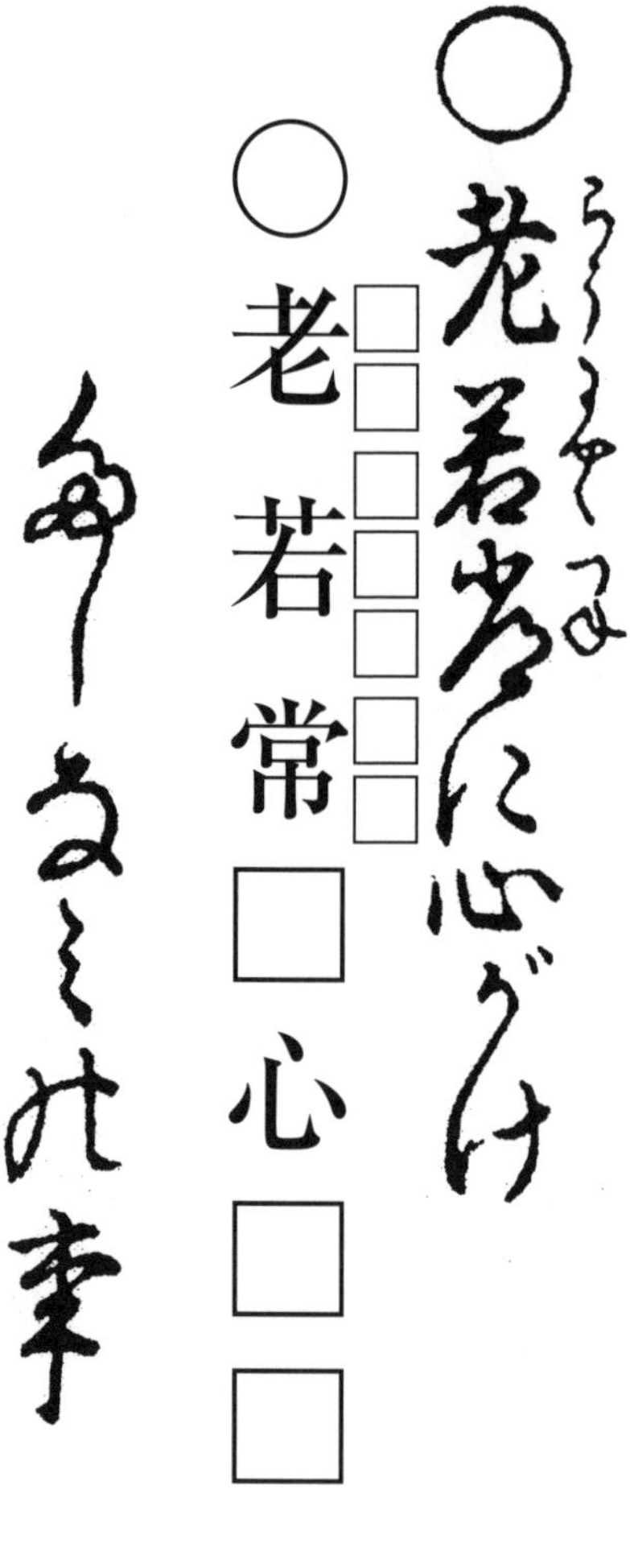

○老若常□心□□

□□□□□□

□□□□□事

衣服《いふく》あいさつ万事《ばんじ》に付《つき》我《が》を

衣服□□□万事□付我□

しだい相応《さうおう》とする事第一なり

□□□相応□□□事第一□□。

若《じやう》き者《もの》の何まりもよとく過《くわ》く

若□者□□□□□□□過□

年《とし》寄《より》風《ふう》は見ゆるようなど

年寄風《□□□□□□》□見□□□□□□。

されバとくだてとこのめされ

□□バ□□、□□□□□□□□ハ

行ゝハ又中年《ちうねん》以《い》後《ご》乃人《ひと》志

□□□。又中年《□□□□》以《□》後《□》□人《□□》□

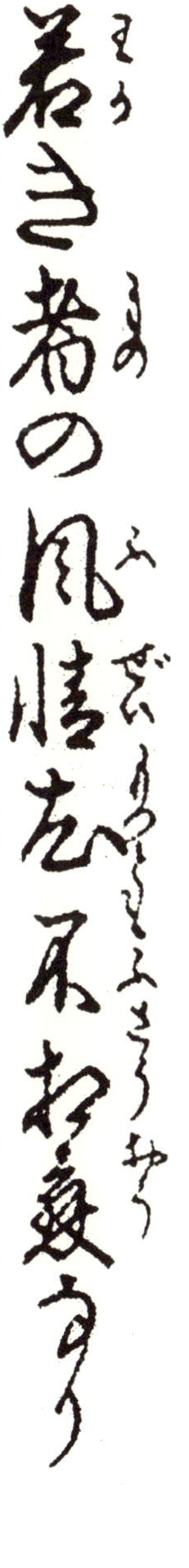

若《□□》□者《□□》□風《□》情《□□》　尤《□□□□》　不相応《□□□□□》□□。

人□□□□□□□□年《□□》□□相《□□》

応《□□》□□□□。

老若《□□□□□》□□ニ常々《□□□□》

なが口《くち》をきたれむまぎれて

□□口《□□》□□□□、□八□□、□□□□

まどをるぶつし　むだし

□□、□□八□□□□□□□。

かる口《くち》ざれし言《こと》もかなどいさう

□□口《□□》□□言《□□》□、□□□□□□□

ひ口論《こうろん》乃本《もと》なりいうま心安《こころやす》き

□口論□本□□。□□□心安□

たいざなりとも言《こと》葉《ば》ハいんぎ

□□□□□□□言葉《バ》ハ□□□

んにしてたはふれハ言《いふ》べからず

□□□□□ハ□□ハ言□□□□□。

人を異名《いめう》と付《つけ》てよぶ事などゆめ〳〵あるまじく候

人□異名《□□□》□付《□□》□□□事□□□□

□□□□□□□。

問44

最後に著名な十返舎一九の『東海道中膝栗毛《とうかいどうちゅうひざくりげ》』からの出題です。空欄に「ひらがな」を埋めて文章を完成させてください。

東海道中膝栗毛五編　下

神□□□伊勢《□□》□　都《□□□》　□□□□道□□。

追分《□□□□》□建場《□□□》(ヨリ)分。左□□□□□町□

□□□□□。野道□□□□□行□□□□□。

□□□□□来□。農行《□□□□》□馬□

□□□□□□□男。

（中略）

弥次「ナント□□□□□□又向□□□□□□□□□馬士

「□□□□□□□ョ。□□□□

やめさナア。なんぜいきやうね

□□□ナア。□□□□□□□□

裸でおうこふあハまよくなゝゝエ

裸《□□□》□□□□□□ハ□□□□ナアナアナアヱ

可らつもおろしてやろうヱヘン

弥次

「□□□□□□□□□□□ヱヘン

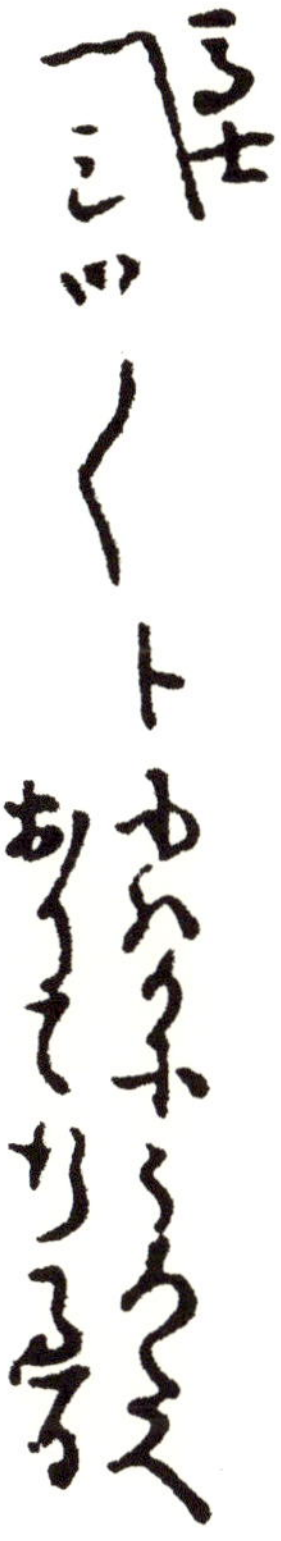

馬士「シッシット□ハ□□□□□□
□□□行過□

弥次「□□八□□□□。□□□□□

北八「二本□□□見□□。乗打《□□□□》□□□

腹へつたア。ここなまつてゐろ

□□□□ア。□□□□□□□ア

北 それがいゝよ。おれも待ぶて

弥次

「□□□□□□。□□□侍《□□□□》□□

おかれおつて

□□□□□□

北八「□□ア□□□。□□□見□□□□。

侍□□□□□□□□

弥次「ヱヱ□□□□ト□□□□□

（後略）

卒業検定

卒業検定

皆さんはこのページに到達するまでに、初級、中級、上級の問1から問44まで、全部で344問の問題に挑戦してきました。344問ですから、知らず知らずのうちに、実はかなりの問題数をこなしていたことになるのです。

本書のなかでは、特に初級（問6～問14）と中級（問15～問32）の問題が重要でした。初級で学習した「ひらがな」と「漢字」の相関関係、中級で学習した「ひらがな」と「漢字」と「くずし字」の三角関係を確実に身につけることができれば、本書に出てきた字とは多少異なるくずし方の字が出てきたとしても、「ひらがな」については、ほぼ間違いなく解読することができるようになります。

それでは本書の締めくくりに、これまでの学習の総決算として、皆さんに「卒業検定」に挑戦していただきます。81点以上取れれば晴れて合格です。ここに到達するまでに得た知識と、ご自分の記憶力を最大限に稼働させて、100点満点を目指して頑張りましょう。

問1

（各1点、計8点）

次の「ひらがな」の元になる「漢字」を、左欄のなかから番号で答えてください。

①す（　）　②つ（　）　③ら（　）　④え（　）

⑤は（　）　⑥に（　）　⑦た（　）　⑧わ（　）

ⓐ王　ⓑ能　ⓒ本　ⓓ阿　ⓔ衣　ⓕ堂　ⓖ耳

ⓗ母　ⓘ女　ⓙ者　ⓚ良　ⓛ徒　ⓜ恵　ⓝ春

問2 次の「漢字」を「ひらがな」に直してください。

（各1点、計11点）

① 農（　　）
② 万（　　）
③ 禰（　　）
④ 堂（　　）

⑤ 希（　　）
⑥ 遠（　　）
⑦ 女（　　）
⑧ 飛（　　）

⑨ 尓（　　）
⑩ 盤（　　）
⑪ 之（　　）

問3　（各1点、計4点）

次の「ひらがな」に該当するくずし字を、左欄のなかからアルファベットで答えてください。

①ふ（　　）　②さ（　　）　③と（　　）　④る（　　）

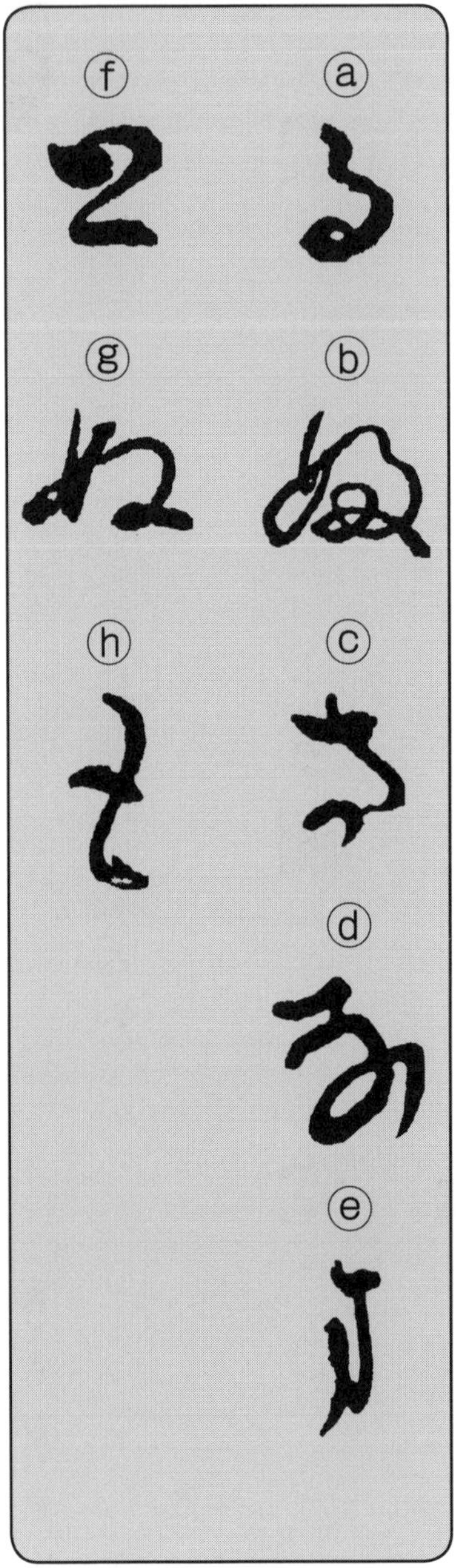

問4

次の「ひらがな」に該当するくずし字を、左欄のなかからアルファベットで答えてください。

（各2点、計8点）

①ほ（　　）

②て（　　）

③そ（　　）

④は（　　）

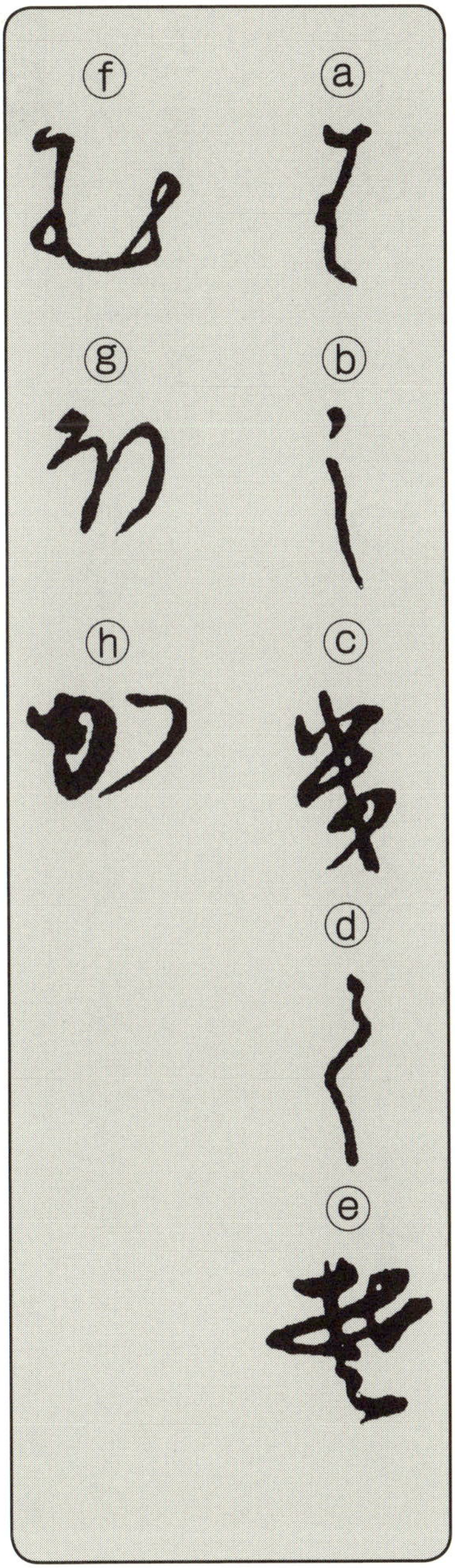

問5 次の「ひらがな」に該当するくずし字を、左欄のなかからアルファベットで答えてください。（各3点、計12点）

①ひ（　）

②つ（　）

③く（　）

④す（　）

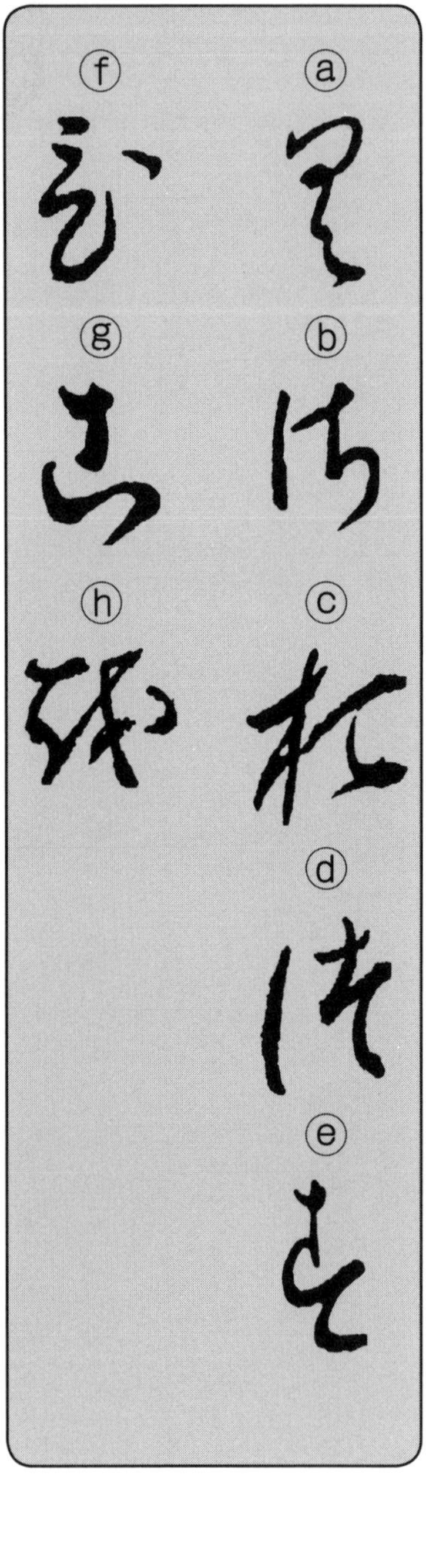

問6 次の「ひらがな」熟語を解読してください。 （各1点、計4点）

①

（　　　）

②

（　　　）

③

（　　　）

④

（　　　）

問7

次の「ひらがな」熟語を解読してください。

（各2点、計8点）

①

（　　）

②

（　　）

③

（　　）

④

（　　）

問8

次の「ひらがな」熟語を解読してください。

（各3点、計12点）

①

（　　　　）

②

（　　　　）

③

（　　　　）

④

（　　　　）

問9 次の「ひらがな」熟語を解読してください。（各3点、計9点）

①

（　　　）

②

（　　　）

③

（　　　）

問10

以下に掲げる「漢字」混じりの熟語や短文のうち、「ひらがな」部分を解読して、空欄に「ひらがな」を書き込んでください。

（各1点、計4点）

①

不埒之□□

②

大切□□役

③

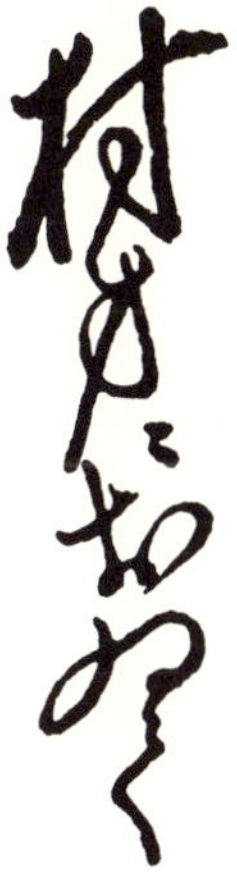

村方ニ□□□

④

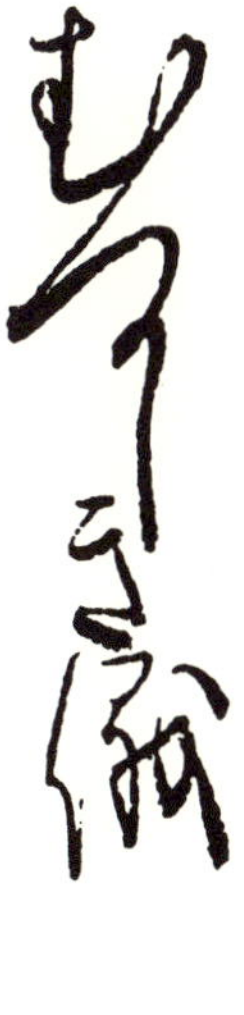

□□□□□儀

問11 （各2点、計8点）

以下に掲げる「漢字」混じりの熟語や短文のうち、「ひらがな」部分を解読して、空欄に「ひらがな」を書き込んでください。

①

銭□□

②

□□□入□□

③

少□□□共

④

尽□□□

問12 以下に掲げる「漢字」混じりの熟語や短文のうち、「ひらがな」部分を解読して、空欄に「漢字」「ひらがな」を書き込んでください。

（各3点、計12点）

①

御□□□

②

行衛知□□

③

奢□□□□

④

隠便□□□□

これで卒業検定は終了です。解答と照らし合わせて、各問題の配点にもとづき採点してみてください。81点以上取れれば合格です。

✻あなたの実力度（100点満点）

10点以下……可能性100（これからで賞―あきらめないでください。初級から復習を）
11～20点……実力度10（がんばりま賞―少しわかってきましたね。ここからが肝心）
21～30点……実力度20（見えてきたで賞―「くずし字」がだいぶ見えてきましたね）
31～40点……実力度30（進歩したで賞―一文字一文字の「くずし字」は、かなり得意になりましたね）
41～50点……実力度40（五級―「ひらがな」熟語に少しずつ慣れてきましたね）
51～60点……実力度50（四級―半分以上いきました。うれしいですね。これを励みに）
61～70点……実力度60（三級―長い「ひらがな」熟語は、意味と場面を考えながら）

71～80点……実力度70（二級―なかなかやるじゃないですか、たいしたものです）

81～90点……実力度80（一級―合格の目安をクリアしました。心からおめでとう）

91～99点……実力度90（初段―りっぱです。「ひらがな」ならまかせておけ、ですね）

100点満点……実力度100（ひらがな達人―努力に敬意を表します。読めない人に「くずし字」を教えてあげてください）

解答

初級

■身近なくずし字から

問1 ①うなぎ ②てぬぐい

問2 ①雷おこし ②御てもと

問3 ①御たをる ②焼とり

問4 ①すし ②きそば

問5 せんべい

■「ひらがな」の元はすべて「漢字」なのだ

問6 ①t ②w ③r ④y ⑤n ⑥a ⑦b
⑧d ⑨u ⑩q ⑪k ⑫h ⑬m ⑭p
⑮c ⑯e ⑰j ⑱f ⑲s ⑳i

左欄のなかは、a於お、b寿す、c奈な、d止と、e計け、f乃の、g由ゆ、h波は、i加か、j伊い、k和わ、l保ほ、m仁に、n不ふ、o利り、p宇う、q天て、r世せ、s幾き、t久く、u留る、v奴ぬ、w毛も、x越を、y己こ

問7 ①l ②p ③v ④s ⑤h ⑥t ⑦n
⑧k ⑨m ⑩e ⑪g ⑫o ⑬r ⑭y
⑮a ⑯d ⑰c ⑱j ⑲b ⑳w

左欄のなかは、a遊ゆ、b礼れ、c多た、d遣け、e恵ゑ、f婦ふ、g古こ、h武む、i飛ひ、j美み、k阿あ、l江え、m知ち、n遠を、o登と、p可か、q津つ、r那な、s左さ、t也や、u禰ね、v亭て、w為ゐ、x具く、y部へ

問8 ①n ②j ③b ④k ⑤o ⑥f ⑦d
⑧i ⑨g ⑩h

左欄のなかは、a流る、b之し、c無む、d起き、e年ね、f本ほ、g里り、h連れ、i者は、j農の、k楚そ、l佐さ、m須す、n満ま、o茂も

問9 ①c ②f ③e ④j ⑤a

左欄のなかは、a尓に、b女め、c川つ、d能の、e王わ、f堂た、g希け、h良ら、i盤は、j衣え

問10 ①f ②h ③c ④g

左欄のなかは、a怒ぬ、b衛ゑ、c徒つ、d母も、e介け、f春す、g耳に、h所そ、i喜き

■「いろはにほへと」をすべて「漢字」にしてみよう

問11 ①以 ②路 ③者 ④仁 ⑤保 ⑥遍 ⑦登 ⑧地 ⑨里 ⑩怒 ⑪流 ⑫越

左欄のなかは、上から、得え、佐さ、三み、免め、者は、越を、仁に、年ね、保ほ、地ち、登と、流る、怒ぬ、屋や、以い、遍へ、比ひ、能の、路ろ、里り

問12 ①王 ②可 ③与 ④太 ⑤連 ⑥曾 ⑦川 ⑧禰 ⑨奈 ⑩良 ⑪無

左欄のなかは、上から、太た、亭て、奈な、王わ、留る、曾そ、無む、末ま、乃の、婦ふ、可か、与よ、連れ、日ひ、須す、禰ね、遊ゆ、川つ、久く、良ら

問13 ①宇 ②為 ③農 ④於 ⑤具 ⑥也 ⑦万 ⑧希 ⑨不 ⑩古 ⑪得 ⑫天

左欄のなかは、上から、希け、天て、耳に、利り、具く、羅ら、為ゐ、以い、於お、勢せ、阿あ、農の、宇う、起き、万ま、古こ、也や、志し、不ふ、得え

問14 ①安 ②左 ③幾 ④由 ⑤女 ⑥美 ⑦之 ⑧恵 ⑨飛 ⑩毛 ⑪世 ⑫春

左欄のなかは、上から、世せ、盤は、部へ、尓に、左さ、春す、安あ、遠を、由ゆ、飛ひ、衣え、之し、毛も、遣け、美み、堂た、女め、幾き、徒つ、恵ゑ

中級◉

■いよいよくずし字に挑戦

問15 ①c・q ②d・l ③g・s ④f・m ⑤a・r ⑥h・t ⑦j・p ⑧e・i ⑨b・o ⑩k・n

左欄のなかは、上から、奈な、良ら、阿あ、加か、也や、多た、左さ、波は、屋や、満ま、和わ、可か、太た、王わ、羅ら、末ま、安あ、那

な、左さ、者は

問16 ①i・l ②b・q ③f・n ④j・k ⑤e・o ⑥c・p ⑦h・m ⑧d・g ⑨a・r

左欄のなかは、a為ゐ、b幾き、c飛ひ、d里り、e仁に、f志し、g利り、h美み、i以い、j知ち、k知ち、l伊い、m三み、n之し、o尓に、p比ひ、q起き、r井ゐ

問17 ①d・m ②a・i ③e・r ④h・q ⑤b・n ⑥c・p ⑦j・l ⑧f・o ⑨g・k

左欄のなかは、a久く、b奴ぬ、c婦ふ、d宇う、e寿す、f由ゆ、g留る、h津つ、i具く、j武む、k流る、l無む、m宇う、n怒ぬ、o由ゆ、p不ふ、q川つ、r寸す

問18 ①e・h ②l・n ③b・f ④d・m ⑤p・r ⑥a・j ⑦c・q ⑧g・k ⑨i・o

左欄のなかは、a遍へ、b世せ、c女め、d天て、e江え、f勢せ、g礼れ、h衣え、i恵ゑ、j遍へ、k連れ、l計け、m天て、n遣け、o恵ゑ、p禰ね、q免め、r年ね

問19 ①g・o ②e・f ③c・s ④d・m ⑤h・n ⑥p・q ⑦a・i ⑧b・r ⑨k・l ⑩j・t

左欄のなかは、a毛も、b与よ、c曾そ、d登と、e古こ、f古こ、g於お、h農の、i毛も、j遠を、k路ろ、l呂ろ、m止と、n能の、o於お、p本ほ、q保ほ、r与よ、s楚そ、t越を

※「与」は「と」と読むこともありますが、ここではbとrを「と」と答えると「よ」に該当するくずし字がなくなります。

問20 ①n・s ②e・j ③c・r ④d・o ⑤g・q ⑥h・p ⑦a・l ⑧b・m ⑨i・k ⑩f・t

左欄のなかは、a左さ、b留る、c王わ、d毛も、e之し、f盤は、g知ち、h登と、i所そ、j志し、k曾そ、l佐さ、m類る、n可か、o茂も、p登と、q地ち、r和わ、s可か、t者は

問21 ①d・l ②f・n ③e・r ④b・p ⑤a・i ⑥c・o ⑦g・m ⑧j・q ⑨h・k

左欄のなかは、a見み、b宇う、c春す、d阿あ、e以い、f於お、g奈な、h年ね、i美み、

j不ふ、k年ね、l安あ、m那な、n於お、o須す、p宇う、q不ふ、r以い

問22 ①i・q ②b・n ③d・l ④c・m ⑤h・o ⑥g・j ⑦f・p ⑧e・k ⑨a・r

左欄のなかは、a具く、b奴ぬ、c満ま、d起き、e耳に、f利り、g也や、h女め、i多た、j也や、k尓に、l支き、m万ま、n怒ぬ、o免め、p里り、q堂た、r久く

問23 ①e・m ②a・i ③d・l ④j・p ⑤c・n ⑥b・k ⑦f・q ⑧g・r ⑨h・o

左欄のなかは、a飛ひ、b呂ろ、c為ゐ、d介け、e得え、f徒つ、g天て、h与よ、i日ひ、j武む、k路ろ、l希け、m江え、n為ゐ、o与よ、p無む、q川つ、r亭て

問24 ①g・k ②d・m ③e・n ④f・p ⑤a・l ⑥c・h ⑦b・q ⑧i・r ⑨j・t ⑩o・s

左欄のなかは、a本ほ、b農の、c良ら、d礼れ、e越を、f世せ、g古こ、h良ら、i遊ゆ、j恵ゑ、k己こ、l本ほ、m連れ、n遠を、o遍へ、p世せ、q能の、r由ゆ、s遍へ、t衛ゑ

■「ひらがな」熟語を読んでみよう

※括弧内には「ひらがな」の元となった「漢字」を入れてあります。なお、「ん」が初めて出てきました。「ん」の元の漢字は「无」となりますが、「ん」のくずし字は「ん」の形のままです。

問25 ①ゆへ（由部） ②いつれ（以川礼） ③おそれ（於曾礼） ④かやう（加也宇） ⑤たより（太与利） ⑥きせる（幾世留） ⑦かりそめ（加利曾女） ⑧よろしき（与呂之幾） ⑨あやまち（阿也末知） ⑩そこもと（曾己毛止）

問26 ①やしき（也之幾） ②まいらぬ（末以良奴） ③およひ（於与比） ④おほえ（於保衣） ⑤ちから（知加良） ⑥いんきよ（以无幾与） ⑦いふなり（以不奈利） ⑧よからぬ（与加良怒） ⑨よきやうに（与幾也宇尓） ⑩もてあそひ（毛天安曾比）

問27 ①はこ（者己） ②かけ（可計） ③かな（加奈） ④もみ（毛美） ⑤まつ（末川） ⑥ふね（不年） ⑦べき（遍幾） ⑧ため（多免） ⑨ゑらひ（恵

良比） ⑩さわかし（左王可之）

問28 ①むすめ（武春女） ②さわぎ（左王幾） ③やすく（屋春久） ④とても（止天毛） ⑤こまり（己満利） ⑥べからず（部可良須） ⑦あやうく（安也宇具） ⑧ひやうたん（飛也宇太无） ⑨いつれも（以川連毛） ⑩おほしめし（於本之女之）

問29 ①にて（尓天） ②おゐて（於為天） ③てつほう（天川本宇） ④いたし（以堂之） ⑤いたし（以多之） ⑥おうくわん（於宇久王无） ⑦すなわち（春奈王知） ⑧めてたき（女天多起） ⑨つきては（川幾天盤） ⑩たてまつり（堂天末川里）

問30 ①かたく（可多久） ②ふるさと（不留佐止） ③けしき（介之幾） ④おそく（於楚具） ⑤つかひ（徒可比） ⑥ことに（古止耳） ⑦はゐかい（者為可以） ⑧もつとも（毛川止毛） ⑨おもてなし（於毛天奈之） ⑩きりしたん（幾利志多无）

問31 ①をのつから（遠乃川可良） ②ことに（己止仁） ③めてたかりける（女天多加利介流） ④たすけにならさる（太春希尓奈良左留） ⑤としのうちに（止之能宇知尓） ⑥たはこをかい（多者己遠可以）

問32 ①いそかしきに（以曾可之幾尓） ②くるしからさる（久留之加良左流） ③かたきぬにかわはかま（可多幾奴尓加王者可満） ④かたしけなく（可多之希奈久） ⑤ゆるかせにすべからざる（由留可世尓春部可良左留）

上級

■「漢字」とセットなら読みやすい？

※ここからは上級ですので「ひらがな」の元となった「漢字」は入れていません。ぜひご自分で確認してみてください。

問33 ①古く ②庄屋ともへ ③さし押へ ④遊バされ ⑤いつ迄も ⑥法度ゆるみ ⑦か様之事 ⑧五人組え相断 ⑨酒屋渡せい ⑩然るへきやう

問34 ①今般は ②竹ふし ③他領より ④正月より ⑤右躰之ものへ ⑥両院ニおゐて ⑦千代のまつ ⑧あおゐの御紋 ⑨組親と相唱 ⑩少も相違不ニ申上」

問35 ①申わけ　②取さばき　③証文を取　④何れとも　⑤御障なくハ　⑥狼藉いたし　⑦御めて度　⑧生類あはれみ　⑨七之助と申もの　⑩御まゐ様

問36 ①夕かた　②御心つけ　③水こほし　④心やすく　⑤法をひろめ　⑥可レ然なとと（なとゝ）被レ申候　⑦一つとして　⑧わさと申つかハし　⑨かさつ仕間敷　⑩中ニかさね置可レ申候

問37 ①ふろ敷　②明らかに　③念を入　④長崎にて　⑤おもひ入たる　⑥徒党かましき義　⑦御鷹野まて　⑧遊興をもよほし　⑨奉公のともから　⑩さわりなき場所

問38 ①誠に　②年の暮　③何方にても　④処せらる　⑤有難き　⑥慥なる　⑦此度は　⑧入へからさる事　⑨目に見えす　⑩申あへりしとそ

問39 ①御そんち（存知）候　②御陣へめしつれ候　③御ゆるしなされ候　④御覧せられ候　⑤百姓惣代たるへき

問40 ①悪敷成たる所ハ　②見なれぬかたの　③身持をかせき　④そのとし月も　⑤恩儀をわすれす

■「ひらがな」が読めれば版本は簡単に読める？

※括弧内は「漢字」に付いた振りがなです。

問41 『商売往来』より

商（しやう）売（ばい）往（わう）来（らい）
凡（およそ）商（しやう）売（ばい）持（もち）扱（あつかふ）文（もん）字（ぢ）、員（ゐん）数（じ）、取（とり）遣（やり）之（の）日（につ）記（き）
証（しやう）文（もん）、注（ちう）文（もん）、請（うけ）取（とり）、質（しち）入（いれ）、算（さん）用（やう）帳（ちやう）、目（もく）録（ろく）、仕（し）切（きり）之（の）覚（おぼへ）也（なり）。先（まづ）両（りやう）替（がへ）之（の）金（きん）子（す）、大（おほ）判（ばん）、小（こ）判（ばん）、壱（いち）歩（ぶ）、弐（に）朱（しゆ）。

問42

『女庭訓往来』より

是（これ）より申候ハんと思（おも）ひ候
折（をり）からの御文（ふみ）なれバ、
同（おな）し心（こころ・こゝろ）の程（ほど）にて社（こそ）候へ、
今日（けふ）明日（あす）の内（うち）、花（はな）盛（ざかり）ニ成（なり）候由（よし）、
誠（まこと）に此（この）程（ほど）ハ東風（こち）ふくかぜも
和（やハら）かに春（はる）雨（さめ）も沃（そそ・そゝ）ぎ勝（がち）なるに
催（もよふ）され候にや、いつよりも早（はや）く
花（はな）咲（さき）たるニて候、又（また）あやなく
散（ちり）なんとおもへバ、夜（よ）の間（ま）の風（かぜ）も
心（こころ・こゝろ）元（もと）なきことにて候へバ、
片（かた）時（とき）も急（いそ）ぎ御（ご）覧（らん）ぜられバ、
御供（とも）を致（いた）し度（たく）心（こころ・こゝろ）いられ候、
花（はな）に身（み）をなぐる人々、歌（うた）に耽（ふけ）る
輩（ともがら）など誘（さそ）ひ参（まゐり）申べく候、
兼（かね）てゟ（ヨリ）花（はな）見（み）の装（そう）束（ぞく）ハ
桜（さくら）のからぎぬ裏（うら）山（やま）吹（ぶき）
柳（やなぎ）のおり物（もの）など己（おの）がじじ（じゝ）心（こころ・こゝろ）々に

用（よう）意（い）致（いた）し候躰（てい）に候、あなかしこ
弟（おと）月（づき）廿三日　小（こ）少（せう）将（しやう）
紀（き）伊（い）御返事

問43

『小笠原諸礼大全』より

○老（らう）若（にやく）常（つね）に心がけ
たしなみの事

衣（い）服（ふく）あいさつ万（ばん）事（し）に付（つき）我（わが）としばい相（さう）応（おう）をしる事第一なり。若（わか）き者（もの）のあまりくすみ過（すぎ）て年（とし）寄（より）風（ふう）に見ゆるもよからず。されバとて、だてをこのめとにハあらず。又中（ちう）年（ねん）以（い）後（ご）の人（ひと）の若（わか）き者（もの）の風（ふ）情（ぜい）尤（もつとも）不（ふ）相（さう）応（おう）なり。人とはなしするにも年（とし）ばい相（さう）応（おう）あるべし。老（らう）若（にやく）ともニ常（つね）々（づね・〴〵）あだ口（くち）をきき（きゝ）、たハむれ、ざれことなど、はなハだつつ（つゝ）しむべし。かる口（くち）ざれ言（こと）は、かならずいさかひ口（こう）論（ろん）の本（もと）なり。いかに心（こころ・こゝろ）安（やす）き

あいだなりとも言（こと）葉ハいんぎ
んにしてたハふれハ言（いふ）べからず。
人に異（い）名（めう）を付（つけ）てよぶ事などゆめ
ゆめ（〱）あるべからず。（後略）

問44　『東海道中膝栗毛』より

神かぜや伊（い）勢（せ）と都（みやこ）のわかれ道なる。
追（おひ）分（わけ）の建（たて）場（ば）ゟ（ヨリ）。左りのかたの町を
はなれて。野道をたどり行ほどに。
むかふより来る。農（のう）行（げう）の馬に
よこのりしたる男。（中略）
弥次「ナントどふだどふだ（〱）　又向ふより よこのりの馬士
「ばんにとまりにヨ。いことて
やめたナア。なんぜいきやらぬ
裸（はだか）でおかたにあハりよかへナアナアナアヱ
弥次「こいつもおろしてやろうヱヘン
馬士「シツシツト　にハかにうろたへ おりて行過る
弥次「きた八どふだ。きめうか
北八「二本ざしを見ると。乗（のり）打（うち）のでき
ねへこたア。みなしつてゐらア。

弥次「それだからよ。おれを侍（さふらひ）だと
おもいおつて
北八「ばかアいふぜ。あとを見なせへ。
侍がふたりくるから
弥次「ヌヌほんにか トふりかへる （後略）

■卒業検定

問1 ①n ②l ③k ④e ⑤j ⑥g ⑦f ⑧a

問2 ①の ②ま ③ね ④た ⑤け ⑥を ⑦め ⑧ひ ⑨に ⑩は ⑪し

問3 ①b ②c ③f ④a

問4 ①g ②d ③e ④a

問5 ①f ②d ③a ④e

問6 ①やくそく ②あきなひ ③あつまり ④とても

問7 ①たたみ（たゝみ） ②まことに ③はいくわい ④いやしくも

問8 ①いるまん ②そのまま（そのまゝ） ③ひろめ ④いたさす

問9 ①おりからあつさつよく ②ねつきにをかされ ③きりしたんころびのもの

問10 ①不埒之もの ②大切なる役 ③村方ニおゐて ④むつかしき儀

問11 ①銭にて ②おほせ入られ ③少したり共 ④尽しかね

問12 ①御きけん ②行衛知らす ③奢かましき ④隠便ならさる（※「隠便」は「穏便」のこと）

おわりに

よくぞここまでたどり着いてくださいました。苦心惨憺しながらも、「ひらがな」の「くずし字」の魅力を、十分に味わって楽しんでいただけたのではないでしょうか。

でも、はじめは、どの「漢字」がどの「ひらがな」に結びつくかを「活字」で見つけることさえむずかしかったと思います。その状態からスタートして、今では「ひらがな」の「くずし字」だけがたくさん並んでいる言葉や文章を〝すらすら〟とまではいかなくても〝なんとか〟読めるようになられたのですから、すばらしいことです。ご自分自身が一番驚いて、うれしく思っていらっしゃることと思います。

一度に全部覚えてしまおう、などと思わないでください。くり返しくり返し読みながら、少しずつ慣れていってください。それで十分です。ただし、一回ずつ真剣勝負で取り組みましょう。〝じっとにらんで〟筆順や字形の特徴をとらえたり、〝真似して書いてみたり〟〝音読したり〟。楽しいですよ。そのたびごとに《あなたの実力度》がアップしていくのも、励みになるでしょう。

とくに上級の問題は、できなくてもがっかりしないでください。「こういう表現もあるのか」と「解答」を手掛りに解読し、その面白さに浸りながら、ついでに「くずし字」も少しずつ習得していくつもりで楽しんでください。

本書には「ひらがな」の元になった「漢字」として、百以上の「漢字」の「くずし字」が出てきています。つまり、「ひらがな」を学習したことによって、かなりの数の「漢字」そのものも読めるようになっているのです。ということは、これから実際の古文書を解読する上での大きな手掛りをつかんだことにもなります。是非、いろいろな機会をとらえて古文書を読んでみてください。

たとえば、博物館・郷土資料館・文書館などに行かれた時、これまで素通りしていたガラスケースの前で立ち止まってみましょう。今までは芸術作品の鑑賞のように観ていた文書のなかから、不思議なことに「文字」が浮かび上がって目に飛び込んでくるはずです。一つでも二つでも読めたらうれしいものです。同行の方にもちょっと自慢げに教えてあげてください。

そのほかにも、ご自宅に古文書があれば解読に挑戦してみる、地域の古文書を読む会に参加する、古文書の解説書で勉強してみる、などご自分に合った方法で直接古文書の文章に当たってみましょう。「読めるようになってから」ではなくて、「読みながら覚えていく」「読みながら解釈していく」「読みとりながら楽しんでいく」ことにしましょう。

江戸時代の古文書の世界は広くて深いです。幕府や藩の政治・村や町のしくみから、人々の生活・人生が読み取れる文書まで様々あります。どうぞ「くずし字」を読めるようになって、そこからご自分の江戸時代像をふくらませていってください。

本書の企画・構成は、柏書房編集部の小代渉氏の創意と熱意によってうまれました。学びながら自分の力を確認できる画期的な構成は、古文書を学習している方々にとって新鮮で、きっと歓迎していただけるものと思います。

複雑な影印を丁寧にとっていただいたアイメディアの市村繁和氏と、すばらしいカバーデザインを創ってくださった山田英春氏に感謝申し上げます。


古文書の学習は、だれでもいつからでも始められます。

わが家でも、七十歳代の母は、早速本書のゲラ刷りの問題を解きながら、《ちょっと一息》でお話した「マイひらがな一覧」を作りはじめました。専門の違う夫も、大学生の息子と娘も、妹の家族一家も、楽しみながら問題に取り組んでいました。

本書を契機に古文書の世界を初めてのぞいた方、今までの経験の上にさらに本書で自信をつけて古文書の勉強を続けていこうとしている方々が、これからも様々な古文書との出会いをお楽しみくださることを願っております。

二〇〇五年十月

油井宏子

監修者略歴　油井　宏子（あぶらい　ひろこ）

1953年　千葉県市川市生まれ。
1976年　東京女子大学文理学部史学科卒業。
船橋市、市川市の公立中学校教諭を経て、
1989年からＮＨＫ学園古文書講師。
近世史や古文書を学ぶ面白さを、全国各地の講座やシンポジウムで紹介している。
市川市博物館協議会委員。

おもな著書・監修・論文など

『江戸奉公人の心得帖―呉服商白木屋の日常』（新潮新書、2007年）
DVD版『油井宏子の楽しく読める古文書講座』全５巻（紀伊國屋書店・柏書房、2007年）
『江戸が大好きになる古文書』（柏書房、2007年）
『古文書はこんなに魅力的』（柏書房、2006年）
『古文書はこんなに面白い』（柏書房、2005年）
「銚子醤油醸造業における雇傭労働」（『論集きんせい』第４号、東京大学近世史研究会、1980年）
「醤油」（『講座・日本技術の社会史』第１巻　農業・農産加工、日本評論社、1983年）
『国史大辞典』（吉川弘文館）に「銚子醤油」など４項目執筆。
『古文書通信』（ＮＨＫ学園機関誌）にも、古文書の紹介と解説を多数掲載。

古文書検定《こもんじょけんてい》　入門編《にゅうもんへん》

2005年10月25日　第１刷発行
2008年３月25日　第２刷発行

監修者　油井　宏子
編　集　柏書房編集部
発行者　富澤　凡子
発行所　柏書房株式会社
〒113-0021　東京都文京区本駒込１-13-14
Tel. 03-3947-8251（営業）
03-3947-8254（編集）

装幀者　山田英春
組　版　i-Media 市村繁和
印刷所　株式会社亨有堂印刷所
製本所　株式会社ブックアート

2005, Printed in Japan
ISBN4-7601-2799-2

くずし字を調べたい方へ

〈価格税別〉

●小さいのに驚くほどの情報量！　携帯に便利なハンディ版

【入門】古文書小字典

林英夫【監修】　柏書房編集部【編】

B6変型判・五六四頁　二、八〇〇円

4-7601-2698-8

古文書初心者・入門者に最適なくずし字字典。見出語として八一〇字を厳選し、くずし字五〇〇〇例、熟語・用例九三〇〇例をぎっしりと収録。また、筆づかいがわかるペン字骨書もついています。この一冊を使いこなせば古文書の九割以上は読めます。

●古文書独特のことばの意味までわかる

音訓引き古文書字典

林英夫【監修】

A5判・八二〇頁　三、八〇〇円

4-7601-2471-3

国語辞典感覚で〈くずし字〉と〈ことば〉と〈意味〉が同時に引ける、古文書字典初の五十音配列。約一万四〇〇〇種の見出し語と、三万種の用例を収録しています。近世古文書字典の最高峰『音訓引　古文書大字叢』の普及版です。